____________________ 님의 소중한 미래를 위해

이 책을 드립니다.

중독으로부터 회복을 위한 12단계

알코올중독
전 문 의 가
말 하 는
1 2 단 계
중 독 치 료

중독으로부터
회복을 위한
12단계

조근호 지음

초록북스

초록북스

우리는 책이 독자를 위한 것임을 잊지 않는다.
우리는 독자의 꿈을 사랑하고,
그 꿈이 실현될 수 있는 도구를 세상에 내놓는다.

중독으로부터 회복을 위한 12단계

초판 1쇄 발행 2016년 2월 5일 | **초판 3쇄 발행** 2024년 11월 15일 | **지은이** 조근호
펴낸곳 ㈜원앤원콘텐츠그룹 | **펴낸이** 강현규·정영훈
등록번호 제301-2006-001호 | **등록일자** 2013년 5월 24일
주소 04607 서울시 중구 다산로 139 랜더스빌딩 5층 | **전화** (02)2234-7117
팩스 (02)2234-1086 | **홈페이지** blog.naver.com/chorokbooks | **이메일** khg0109@hanmail.net
값 15,000원 | **ISBN** 978-89-6060-602-9 03180

잘못 만들어진 책은 구입하신 서점에서 교환해 드립니다.
이 책을 무단 복사, 복제, 전재하는 것은 저작권법에 저촉됩니다.

변화시킬 수 없는 것을 받아들이는 평온함을 주시고,
변화시킬 수 있는 것은 바꾸는 용기를 주시고,
그리고 이를 구별하는 지혜도 주소서.

• '평온함을 청하는 기도' •

지은이의 말

12단계, 알코올중독으로부터 회복을 위한 최고의 길

알코올중독에 대해 조금이라도 공부했거나 궁금했던 사람들은 12단계에 대한 이야기를 심심치 않게 듣는다. 알코올중독자 자조모임인 '익명의 알코올중독자들A.A.; Alcoholics Anonymous'과 함께, 그들의 핵심적인 가치가 응축된 12단계의 덕목에는 회복을 향한 알코올중독자들의 열망이 고스란히 배어 있다.

오랫동안 사람들은 알코올중독의 원인이 술 하나 제대로 끊지 못하는 의지 부족의 문제나 도덕적인 타락 때문이라고 생각했다. 또한 알코올중독은 한 번 빠지면 결코 헤어 나올 수 없는 구제불능 상태라는 선입견도 있었다. 하지만 A.A.는 처음 결성될 때부터 알코올중독은 치료받아야 하는 질병이라고 해석했다. 이러한 새로운 시선은 중독자들과 가족들에게 희망을 주었고, 치료자들에게는 사명을 주었다. 그리고 A.A.는 알코올중독을 극복하는 방법으로 '12단계'를 제시했다.

12단계를 어려워하지 말자

알코올중독자든, 중독자의 가족이든, 중독을 공부하는 학생이든, 알코올중독의 치료 영역에서 일하는 실무자든, 정신건강의학과 전문의와 같은 전문가든 '12단계'는 참으로 이해하기 어려운 장벽처럼 다가온다. 당연히 술을 끊고자 하는 목적으로만 쓰여 있으리라는 일반적인 상식과는 달리, 12단계에는 단주에 대한 직접적인 조언이나 가르침이 없다. "이렇게 하면 술을 끊을 수 있으니 이대로 따라라."와 같은 구체적인 지시가 나오지 않는다. 반면 '신' 혹은 '위대한 힘'을 이야기하고, 검토나 보상, 명상이나 기도와 같은 이야기를 한다. 과연 이런 덕목만 지켜나가면 술을 끊을 수 있기는 한 것인지 의구심이 들 것이다. 단주에 대한 책이라면서 왜 이런 이야기가 나오는지, 그 의미는 뭔지 이해하기 어렵다. 비단 중독자들이나 가족들만이 아니라 상담가나 치료자,

심지어 정신건강의학과 전문의까지도 비슷하게 생각한다. 어쩌면 종교인이나 상당한 영성을 가진 사람만 활용할 수 있는 특별한 도구처럼 느낄지도 모른다.

나 또한 마찬가지였다. 중독 정신의학을 전공했지만 12단계는 어렵게 느껴졌고, 내 영역이 아니라고 생각했다. 그러다가 우연한 기회로 12단계를 이용해 지난 5년간 환자들과 매주 집단치료를 해왔다. 어렵기만 하고 시대에 뒤떨어진 고리타분한 이야기 같았던 처음의 느낌은 사라지고, 집단치료 시행이 거듭되면 거듭될수록 앞서 간 회복자들이 후배 중독자들에게 들려주고 싶은 명확한 메시지의 소중함이 절실히 다가왔다. 12단계는 특별한 사람을 위해 만들어진 암호가 아니다. 무서워만 할 것이 아니라 용기를 내어 12단계를 들여다보기를 권한다.

12단계를 부담스러워하지 말자

12단계에 대해 이미 읽어본 사람들은 이해하겠지만, 12단계에는 우리가 지금까지 살면서 한 번도 들어보지 못한 새로운 이야기가 쓰여 있는 것이 아니다. 어쩌면 허구한 날 잔소리처럼 들어왔던 너무도 뻔한 이야기일지도 모른다. 그래서 빠른 속도로 읽으면

한두 시간이면 다 읽을 수 있다. 하지만 그렇게 해서는 12단계의 메시지를 전혀 읽을 수가 없다. 그렇다고 사전을 찾아가며 줄을 긋고, 저자의 의도와 집필된 내용을 도식화하고 분석해봤자 마찬가지로 12단계의 목소리는 들리지 않는다. 마치 숲 속에서 나뭇잎 하나하나, 나무줄기 하나하나를 쪼개어 분해하듯 접근하면 숲의 진정한 모습과 의미를 놓치기 십상인 것처럼 말이다. 오히려 사소한 오류나 시대의 흐름에 따라 저자들의 시대와는 달라진 요즘의 모습만 투영되어 마음만 산만해진다.

12단계를 접하면서 무언가 명확히 해석해내야겠다는 부담감은 금물이다. 그냥 느껴지는 그대로를 받아들여보자. 우리가 모르는 낯선 이야기가 아니다. 하지만 실천을 위한 분명한 지침서임에는 틀림없다. 12단계에서는 당장 눈에 보이는 결과를 요구하지 않는다. 실천은 쉽지 않지만 우리에게는 충분한 시간이 있고, 반복을 통해 굳건해질 것이다.

12단계에서 희망을 찾자

중독은 낫지 못하는 병이라고들 말한다. 환자나 가족들도 그렇고, 간혹 치료진들도 그렇게 생각하는 것처럼 보일 때가 있다. 하지만 미리 절망해 중독이라는 질병에 맞선다면, 그 결과는 뻔하다. A.A.가 만들어진 이유는 이미 존재했던 희망과 중독에서 회복된 사람들을 실제로 보았기 때문이다.

하지만 12단계를 처음 접하면 의문이 든다. '1단계에서 내 삶을 책임질 수 없다고 주장하는 이들의 말은 결국 나를 죄인이라고 몰아세우는 것이 아닌가?' 'A.A.의 12단계는 위선으로 포장된 궤변일 뿐인가?' 하지만 12단계의 마지막까지 읽다 보면 자신은 죄인이 아니라 주인공이라는 사실을 알게 될 것이다. 12단계의 주제가 절망이 아닌 기쁨이라는 선포도 이해하게 될 것이다.

우리나라 A.A.의 활동은 생각보다 활발하다. 오늘도 공식 혹은 비공식적 모임들이 전국 여기저기서 진행되고 있다. 더러 의식 있는 치료자들이 A.A.를 권하지만, 그들 모두가 A.A.에서 진행되는 일에 대해 제대로 아는 것은 아니다. 12단계를 이용한 프로그램이 병원 안에서 진행되는 경우도 있지만, 이 또한 교본을 읽고 토론하거나 외부 회복자들을 이용하는 수준에 머무르는 것이 현실이다. 상담가나 치료자에게 12단계는 자신과는 상관없는 그들만의 세상일 뿐이다. 하지만 12단계는 희망의 메시지다. 피하거나 외면해서는 회복에 대해 말할 수 없다.

그래서 이 책을 쓰게 되었다. 중독자나 그들의 가족, 모든 상담가나 치료자가 '중독'이 극복 가능한 질병이라는 것을 믿기를 소망하고, 극복이라는 단어에 들어 있는 희망을 함께 꿈꿔보기를 기대한다. 중독자와 비중독자가 서로 다른 사람이 아니라, 아픔을 다른 모습으로 겪고 있을 뿐이라는 것을 이해하길 바란다. 그리고 12단계를 통해 중독자나 그들의 가족, 치료자들이 행복해지는 방법을 조금이나마 알게 되기를 기도한다.

나는 이 책에 지난 5년간 겪었던 12단계 이야기를 썼다. 나 또한 아직은 더 겪어야 할지도 모르는 12단계의 길 위에 서 있다. 이야기를 조금 더 묵힐까 하는 생각도 들었지만, 더이상 12단계를 동떨어진 미지의 세계로 두어선 안 된다는 생각이 더욱 컸다. 2014년에 『12단계와 12전통Twelve Steps and Twelve Traditions』이 3판으로 개정되었지만 12단계의 원리는 동일하고, 당시 2판으로 12단계 프로그램을 진행했기에 이 책에도 2판 전문을 실었다.

나는 12단계를 통해 치료자로서 한 단계 성장해나가고 있다. 알코올중독자, 중독자의 가족, 상담사, 전문가, 그리고 알코올중독에 관심이 많은 다양한 사람들…. 오늘도 더 많은 사람들이 이 책과 나의 경험에 대한 이야기를 통해 12단계를 조금이나마 가깝게 느끼고 자신의 삶에 적용하며 성장해가기를 그려본다.

조근호

차례

PART 3 진정한 노력이 건강한 회복을 부른다

※ 각 단계별 문장에서 직접 표현된 단어일 경우 작은따옴표(' ')를 붙였습니다.

12단계 프로그램에 대해

12단계는 무엇인가?

알코올중독에 대해 조금이라도 공부했거나 궁금했던 사람들은 12단계에 대한 이야기를 심심치 않게 듣는다. 알코올중독자 자조모임인 '익명의 알코올중독자들A.A.; Alcoholics Anonymous'과 함께, 그들의 핵심적인 가치가 응축된 12단계의 덕목에는 회복을 향한 알코올중독자들의 열망이 고스란히 배어 있다. A.A.는 처음 결성될 때부터 알코올중독은 치료받아야 하는 질병이라고 해석했다. 이러한 새로운 시선은 중독자들과 가족들에게 희망을 주었고, 치료자들에게는 사명을 주었다. 그리고 A.A.는 알코올중독을 극복하는 방법으로 '12단계'를 제시했다.

12단계를 어려워하지 말자!

12단계는 참으로 이해하기 어려운 장벽처럼 다가온다. 술을 끊고자 하는 목적만으로 쓰여 있을 것이라는 일반적인 상식과는 달리 12단계에는 단주에 대한 직접적인 조언이나 가르침이 없다. 어쩌면 종교인이나 상당한 영성을 가진 사람만 활용할 수 있는 특별한 도구처럼 느낄지도 모른다. 하지만 12단계의 마지막 부분까지 읽다 보면 12단계의 메시지가 명확히 다가올 것이다. 12단계의 주제가 절망이 아니라 기쁨이라는 선포도 이해하게 될 것이다. 12단계는 특별한 사람을 위해 만들어진 암호가 아니다. 무서워만 할 것이 아니라 용기를 내어 12단계를 들여다보자.

우리나라에서의 12단계

우리나라 A.A.의 활동은 생각보다 활발하다. 오늘도 공식 혹은 비공식적 모임들이 전국 여기저기서 진행되고 있다. 하지만 상담가나 치료자에게 12단계는 자신과는 상관없는 그들만의 세상일 뿐이다. 그래서 이 책을 쓰게 되었다. 12단계의 온전한 이해를 통해 중독자나 그들의 가족, 모든 상담가나 치료자가 '중독'이 극복 가능한 질병이라는 것을 믿기를 소망하고, 극복이라는 단어에 들어 있는 희망을 함께 꿈꿔보기를 기대한다.

1단계: 우리는 알코올에 무력했으며, 우리의 삶을 수습할 수 없게 되었다는 것을 시인했다.

2단계: 우리보다 위대하신 힘이 우리를 본정신으로 돌아오게 해주실 수 있다는 것을 믿게 되었다.

3단계: 우리가 이해하게 된 대로, 그 신의 돌보심에 우리의 의지와 생명을 맡기기로 결정했다.

4단계: 두려움 없이 우리 자신에 대한 도덕적 검토를 했다.

5단계: 우리의 잘못에 대한 정확한 본질을 신과 자신에게, 그리고 다른 어떤 사람에게 시인했다.

6단계: 신께서 이러한 모든 성격상 결점을 제거해주시도록 완전히 준비했다.

7단계: 겸손하게 신께서 우리의 단점을 없애주시기를 간청했다.

8단계: 우리가 해를 끼친 모든 사람의 명단을 만들어서 그들 모두에게 기꺼이 보상할 용의를 갖게 되었다.

9단계: 어느 누구에게도 해가 되지 않는 한, 할 수 있는 데까지 어디서나 그들에게 직접 보상했다.

10단계: 인격적인 검토를 계속해 잘못이 있을 때마다 즉시 시인했다.

11단계: 기도와 명상을 통해서 우리가 이해하게 된 대로의 신과 의식적인 접촉을 증진하려고 노력했다. 그리고 우리를 위한 그의 뜻만 알도록 해주시며, 그것을 이행할 수 있는 힘을 주시도록 간청했다.

12단계: 이런 단계들의 결과, 우리는 영적으로 각성되었고, 알코올중독자에게 이 메시지를 전하려고 노력했으며, 우리 일상의 모든 면에서도 이러한 원칙을 실천하려고 했다.

1단계부터 3단계까지는 술 때문에 일어난 우리 삶의 문제를 되돌아본다. 술 문제를 받아들이는 것이 왜 그렇게 힘들었을까? 나는 왜 술을 끊을 바에는 차라리 삶을 버리겠다고 공공연하게 이야기했을까? 나 스스로 제정신이 아니었다는 것을 인정한다면, 제정신을 차리기 위해 위대한 힘의 도움을 받아들여야 한다. 지도나 내비게이션이 있는데도 직감만을 고집한다면 길을 잃을 수밖에 없다. 고집은 자존심이라는 탈을 쓰고 우리를 지켜주는 듯 행동하지만, 사실은 거짓과 핑계와 자만으로 이루어진 괴물이다. 이 괴물을 치워야 회복을 향한 첫걸음을 시작할 수 있다.

1 받아들임과 내어맡김

자신이 알코올에 무력한 중독자임을, 중독으로 말미암아 자신의 삶이 엉망이 되었음을 인정하는 단계다. 대부분의 환자들은 자신의 문제를 부정하는데, 이 부정을 기꺼이 받아들이는 단계가 1단계다. 안타깝게도 일부 중독자들은 1단계도 통과하지 못한 채 술에 취해 일생을 마감한다. 무력함을 인정하는 1단계는 위대한 반전의 시작이다.

1단계

—

무력함의 수용

"우리는 알코올에 무력했으며, 우리의 삶을 수습할 수 없게 되었다는 것을 시인했다."

'우리'

•
•
•

알코올중독은 절대로 빠져나올 수 없는 늪처럼 느껴진다.
이 책을 통해 나는 '희망'을 이야기하고 싶다.
희망을 이야기하기 위해 첫 번째로 등장하는 단어가 '우리'다.

일생 동안 내가 치른 시험들 가운데 가장 힘들었던 시험이 있다. 바로 정신과 전문의 시험이다. 사실 이 시험의 합격률은 거의 매년 90%로 응시자 대부분이 다 붙는 시험, 떨어지는 사람보다 붙는 사람이 훨씬 많은 시험이다. 그런데도 내게는 이 시험이 이제까지 본 시험들 중에 가장 어려웠다.

살면서 학교를 졸업하기까지 참으로 많은 시험을 치렀지만, 전문의 시험은 지금까지의 시험들과는 완전히 달랐다. 일 년에 응시자가 약 140명 남짓인데, 그 사람들이 각자 다른 병원에 소속되어 있으니 어떤 사람과 함께 시험에 응시하는지 알 수 없었다.

요즘 같으면 인터넷이 발달되어 온라인으로라도 정보를 교환할 수 있겠지만, 예전에는 상상할 수도 없는 일이었다. 혼자서 공부하고 시험을 치러야 하는 외로운 싸움이었다. 나 혼자 열심히 한다고는 했지만 다른 사람은 얼마나 준비했는지, 내 준비가 모자란 것은 아닌지, 정작 중요한 부분은 빼놓고 있는 것은 아닌지 도대체 알 수가 없었다. 그래서 시험을 준비하는 내내 불안한 마음을 떨칠 수 없었고, 마지막까지도 낙방하는 두려움에 악몽을 꿔야만 했다. 물론 100명이 넘는 동료들이 각자 외로움을 이겨내며, 꾸준함이 두려움을 극복해 모두 목표를 성취할 수 있었다. 나 혼자만 고통받는 외로운 존재라는 굴레가 나를 더 두렵게 했던 것이다. 그런데 이런 '나 홀로 굴레'를 많은 알코올중독자들도 뒤집어쓰고 산다.

병원에 있다 보면 많은 환자들이 "이 세상에 술 끊고 잘 지내는 알코올중독자를 본 적이 있느냐."라는 말을 서슴없이 한다. 자신도 수차례 입원했었고 자기 옆자리 환자도 마찬가지라고 하면서, 술은 결국 못 끊는 병이라고 말한다. 혼자만의 힘으로 '단주'라는 어려운 길을 가야만 한다고 생각하니 무섭고 두려울 수밖에 없다. 이 길이 과연 옳은 길인지, 그리고 그 길을 걷다 보면 '회복'이라는 목표에 가까워진다는 사실이 자꾸만 의심스러워진다.

3년 전부터 서울시에서 시행하고 있는 '건강음주 희망프로젝트'가 있다. 문제음주자 중 9% 미만의 사람들만이 치료 서비스를 받을 정도로 서비스 이용률이 낮은 현실을 극복하고자 소외계층을 직접 찾아가서 음주 문제를 평가하고, 치료 서비스로 연계하는 사업이다. 이 사업의 특징은 '건강한 회복자'를 훈련시켜 실무에 투입하고 있다는 점이다. 과거에는 중독자였던 '회복자'가 정신보건 실무자와 함께 영구임대아파트와 같은 취약 지역을 가가호호 방문하면서 문제음주자에게 개입하면 몇 가지 강력한 장점이 있다. 대상자의 문제를 제대로 공감할 수 있다는 점과 대상자에게 희망을 줄 수 있다는 점이다. 문제음주자는 그들을 보며 '나도 노력하면 술을 끊을 수 있고, 사회를 위해 이바지할 수도 있구나.'라는 희망을 얻게 된다.

무엇보다도 '술은 끊을 수 있는 것이다.'라는 가장 기본적인 사실에 대한 증명이 가능하다. 사실 중독자나 가족뿐만이 아니라 치료진도 '과연 술을 완전히 끊고 사는 사람이 있을까?'라는 의문을 가지고 있지만 현실에는 생각보다 회복자들이 많으며, 그들은 중독자들을 '남'이 아닌 '우리'라는 마음으로 돕고 있다.

알코올중독에서 벗어나는 길은 외롭다. 아무도 그 길의 어려움을 제대로 이해해주지 못한다. 유혹의 파도는 항상 밀려오고, 과연 나는 회복이 가능할지에 대한 불안이 주위를 맴돈다. 하지만 사실 제대로 회복의 길을 가고자 하는 사람은 결코 외롭지 않다. '나' 혼자가 아닌 '우리'가 이 길을 함께 가고 있기 때문이다. A.A.의 창설자인 밥Bob Smith이나 빌Bill Wilson에게 12단계의 첫 문장을 왜 '우리'로 시작했느냐고 직접 물어보지는 못했다. 하지만 12단계를 밟으며 확신했다. 단지 '익명의 알코올중독자들'이라는 모임의 명칭 때문에 '우리'라고 시작한 것은 아닐 것이다. '나' 혼자만이 가는 길이 아니라, 항상 누군가 옆에 있다는 사실을 우리는 잊지 말아야 한다.

치료를 처음 시작하는 중독자들이나 그들의 가족들은 모든 것이 낯설다. 하지만 낯선 것보다 더 큰 장애물은 절망이다. 더이상 희망이 없다는 좌절이 마음 깊숙이 물들어 있기 때문에, 알코올중독이라는 문제가 극복 가능한 질병이라는 생각보다는 절대로 빠져나올 수 없는 늪처럼 느껴진다. 절대로 극복할 수 없는 난관이라는 생각에 사로잡혀, 절망을 이겨내기보다 술에 취해 외면하는 것이 더 현실적이라고 생각한다. 그러나 이 책을 통해 나는 '희망'을 이야기하고 싶다. 희망을 이야기하기 위해 첫 번째로 등장하는 단어는 '우리'다.

알코올중독자나 그들의 가족들은 항상 고립되어 있다. 자신들이 얼마나 힘든지 다른 사람에게 이야기하는 데는 엄청난 용기가 필요하다. 알코올중독자 자신은 도덕적 비난과 손가락질이 쏟아질 것 같아 두렵고, 가족들은 소중한 가족을 나쁜 사람으로 몰아세우는 배신자가 되는 것 같아 힘들다. 또한 다른 사람에게 이야기해보았자 별 뾰족한 수도 없을 것 같다. 결국 문제는 썩어가지만, 외부에는 절대로 드러내지 않는 가족 구성원 간의 밀약만이 존재하며, 절망은 고립을 강화해간다.

그래서 12단계가 필요하고, 단주모임 혹은 가족모임이 필요하다. 12단계 중 첫 번째 단어는 우리에게 희망을 주는 '우리'다. 그것도 나를 도와줄 수 있는, 이미 이겨내본 적이 있는, 믿음직한 '우리'다. 아직 내 주위에 희망은 보이지 않더라도 지금 어딘가 희망이 있을 것이라고 믿자. 그리고 그것을 증언해주는 많은 '다른 우리'를 더이상 외면하지 말고 바라보자.

행복은 다른 사람의 행복에 관심을 갖는 것이다.

- 『꾸베 씨의 행복여행』(프랑수아 를로르 지음, 오유란 옮김) 中 -

'바닥, 밑바닥'

바닥을 체험하는 것은 회심回心에 필수적이다.
무엇인가 변화가 필요하다는 마음가짐에는 계기가 필요하다.
그런데 그때가 언제일까? 바로 지금일까? 아니면 더 기다려야 회복이 가능해질까?

회복을 이야기하면서 흔히 접하게 되는 단어가 '바닥'이다. "당신은 바닥을 쳤느냐?" "아직도 바닥을 치지 못했느냐?" "나는 지하 2층이 바닥인 줄 알았는데, 파니까 또 나오더라." "누구는 지하 5층을 파고 우물까지 팠더니, 그제야 바닥이더라."

처음에는 언뜻 '마음을 고쳐먹은 그 시점을 나중에 가서 바닥이라고 하는구나.'라고 해석하고, 그대로 환자들에게 바닥의 의미를 설명하려 했다. 하지만 이를 들은 환자들은 오히려 "언제가 바닥입니까? 지금이 바닥이라는 것을 어떻게 하면 알게 됩니까?"라고 되묻고는 했다. 술로 인해 나락으로 추락하는 자신의 모습을 보면서, 그리고 그 문제가 되풀이되는 과정을 스스로 지켜보면서, "이제는 그만했으면 좋겠습니다. 선생님은 제가 이제 그만할 때가 된 것 같습니까?"라고 묻기도 한다. 결국 환자들은 '바닥'이 무슨 뜻인지 궁금한 것이 아니라, 그 바닥이 언제인지와 그 시점을 어떻게 알 수 있는지가 더 궁금했던 것이다.

이전에 외래진료를 본 환자 2명이 기억난다. 한 명은 25세 남성이었고, 또 다른 한 명은 42세 남성이었다. 25세의 남성은 미혼으로, 부모님과 함께 왔다. 지난 6개월 동안 휴대폰 3대를 분실했다고 했다. 물론 술을 마시고 기억을 잃는 바람에 찾을 수가 없었다. 제대 후 주유소나 편의점에서 잠시 아르바이트를 했지만 아직 제대로 된 직장을 가지지 못한 상태였다. 이틀 전에는 술을 마시고 집에 들어와 잔소리하는 부모님에게 폭언을 하고 아버지를 밀쳐서, 아버지가 약간의 찰과상을 입었다. 부모님이 치료를 권했지만 계속 거부해오다가, 이번 일로 어쩔 수 없이 외래 방문한 상태였다. 환자는 오만상을 다 찌푸리고 진료실에 들어왔다. 그러고는 자신은 3~4개월간 술을 안 마시고 지내기도 한다며 음주 문제를 언급하는 자체를 불쾌해했다. 음주 문제에 대한 설문 검사 몇 가지를 시행하고 결과에 대한 설명을 들으면서, 그는 자신의 음주 문제를 어느 정도는 수긍하지만 여전히 자신이 문제를 해결할 수 있다고 주장했다. 나는 잠시 고민했다. 25세라는 젊은 나이, 아직은 건강한 신체, 미혼, 부모님의 계속적인 관심 등으로 미루어 보았을 때 치료 동기를 끌어내기 위해서는 바닥을 더 겪어보는 것이 나아 보였다. 그래서 지금보다 음주 문제가 더 심해지면 입원하기로 약속하고 통원치료를 결정했다.

42세의 남성은 보름 전에 휴직했다. 술이 덜 깬 상태로 업무를 계속하던 그를 보다 못한 회사 측에서 휴직하고 치료를 받으라고 권했던 것이다. 그런데 막상 휴직을 하니 눈치 볼 곳이 없어져 술을 더 마셨다. 술이 깰 듯하면 또 마시는 일을 하루 종일 반복하다가 이제 소주는 힘들어 못 마시겠다며 막걸리만 하루에 4~5통을 마셨다. 막걸리를 마시면 기운도 좀 나는 듯하고, 마음이 편해지기도 하니 밥은 한 톨도 삼키지 않고 보름을 견디다가 결국 부인과 함께 병원을 찾은 것이다. 나는 망설이지 않고 입원을 권고했다. 이 환자는 사실 며칠 입원해서 금단증상만 지나가면 퇴원할 마음으로 병원을 찾았는데, 정작 장기간의 치료를 권고받으니 상당히 망설이는 눈치였다. 하지만 이러다가는 죽겠다 싶은 마음이 그를 붙들었다. 자신의 위치가 바닥이라는 것을 알고 있었기에 치료에 대한 권고를 받아들인 것이다.

이렇듯 바닥을 체험하는 것은 회심回心에 필수적이다. 무엇인가 변화가 필요하다는 마음가짐에는 계기가 필요하다. 그런데 그때가 언제일까? 바로 지금일까? 아니면 더 기다려야 회복이 가능해질까?

나는 감히 환자들과의 대화에서 바로 지금이 바닥이라고 말한다. 바닥이라는 것은 객관적인 외부평가를 통해 누구는 지금 바닥에 있고, 누구는 아직 바닥에 이르지 않은 것이라고 말할 수 없다. 오히려 지금을 바닥이라고 느끼고 그렇게 받아들이기로 결심했다면 지금이 바닥인 것이고, 만일 아직도 현재의 문제를 바닥으로 느끼지 못하고 더 깊은 나락을 기다리고 있다면 아직 바닥은 먼 것이다. 환자의 문제가 이혼에 직면해 있거나, 수억의 빚이 있거나, 간경변 말기에 있다고 해서 바닥이라고 정의할 수 있는 것은 아니다. 나를 사랑해주는 아내가 있고, 나를 안타까워하는 부모가 있고, 나를 기다려주는 회사가 있을 때라도, '내가 더이상 위기를 자초하면 안 되겠구나.' 하는 절박함이 느껴진다면, 과감하게 현재를 바닥으로 선언해야만 한다. 지금 내가 처해 있는 현실을 바닥으로 선언하면 바로 그곳이 바닥인 것이다. "언제 바닥이 오나요?"라고 질문하는 환자들은 오히려 다음과 같이 자기 자신에게 물어야 한다. '왜 지금의 힘든 현실을 바닥이라고 받아들이지 못하고 있나? 왜 주저하고 있나?' 사실은 지금도 충분히 삶을 돌이킬 수 없는 지경인데 말이다.

많은 중독자들이 자신은 지하 1~2층 정도에 있다고 생각한다. 그러면서 과연 자신의 바닥은 지하 몇 층에 있는지 묻는다. 하지만 그들을 걱정하는 가족들은 이미 지하 4층~5층에 있다. 가족의 아픔이 이 정도로 깊다면, 이미 자신도 지하 1층이 아니라 지하 5층에 와 있는데 스스로 깨닫지 못하고 있을 뿐이다. 자신의 문제를 가볍게 여기지 말고, 과감히 지하 5층에 있는 자신을 받아들여야 한다. 그리고 현재를 바닥으로 선언하고 지하에서 벗어나기 위한 처절한 몸부림을 시작해야 한다. '바닥'은 나도 모르게 언젠가 찾아올 막연한 고통이 아니라, 수습할 수 없는 현재에서 벗어나야겠다는 나의 각오다.

내면의 지혜를 듣는 일은 근력처럼 훈련을 통해 강화된다.

- 로비 개스 -

'수습'

지금까지 자신이 살아왔던 '방식' 때문에 지금 밑바닥에 다다른 것이다.
수습은 '내가 살아오던 방식'이 아닌
'다른 사람들이 살아가라고 하는 방식'으로만 가능하다.

우리나라 사람들은 음주문제를 관대하게 대해왔다. 술을 좀 좋아하는 것뿐이라고, 술 마시고 누구든지 실수는 할 수 있는 것이라고, 술 한 잔도 안 마시고 어떻게 살 수 있느냐고 많은 사람들이 문제음주자를 이해하는 척한다. 하지만 이런 말을 하는 사람들 중 다수가 술 때문에 매우 마음고생을 하면서도 어떻게 대처해야 할지 몰라 억지로 견디고 있는 경우가 많다. 그러다가 견디지 못할 지경에 이르면, 급작스럽고 당황스럽게 병원 입원을 결정한다.

부모님 두 분이 모두 돌아가신 남매가 있었다. 누나는 시집을 가서 남편을 뒷바라지하고 아이들을 양육하며, 힘들지만 열심히 살아갔다. 생활력이 없던 남동생은 부모님이 살던 건물에서 혼자 지내게 되었고, 집의 아래층에 임대를 놓고 있던 덕에 그 비용으로 살아나갔다. 취직하라는 부모님의 성화에 잠시 직장을 가져본 적도 있었지만, 이내 그만두고 말았다. 대인관계를 맺는 데도 문제가 있었지만, 상당히 충동적인 성격이었고 무엇보다 음주 문제가 발목을 잡았다. 누나는 그냥 그러려니 했다. 어차피 대단한 것을 기대하기에는 무리가 있다고 생각하며 그저 무소식이 희소식이겠거니 하고 살았다. 그런데 어느 날 건물 아래층에 있던 가게 주인에게서 남동생이 계단에 쓰러져 있다는 전화가 왔다. 놀란 누나가 급히 응급실에 도착하니, 동생은 여기저기 좀 다친 데는 있었지만 생각보다 말짱했다. 주치의는 알코올 금단에 의한 간질 발작일 것이라고 진단했다. 지속된 음주로 인해 간경화가 이미 시작되었다고도 했다.

누나는 동생을 입원시키고 나서 몇 년 만에 동생이 살고 있던 집에 들어갔다. 원래 동생과 사이가 좋지 않았던 터라 문을 억지로 열고 들어가는 것이 내키지 않았지만, 이제는 도대체 동생이 어떻게 살고 있는지 알아야 할 것 같았다. 집에 들어간 누나는 할 말을 잃었다. 현관부터 여기저기 널려 있는 술병이며, 언제 시켰는지 알 수 없는 말라붙은 배달음식 찌꺼기에 집 안으로 신발을 벗고 들어갈 수가 없었다. 막걸리통과 소주병은 마대 2개에 가득 채우고도 남았다. 동생이 술을 마시는 것은 알고 있었고 가끔 심하다고는 생각했지만, 혼자 사는 외로움을 술로 달래는 것은 어쩌면 당연하다고 생각했다. 하지만 그제야 동생이 혼자서 수습할 수 없는 지경에 이르렀다는 생각이 들었다고 한다.

그런데 간질발작이 안정되고, 신체적인 상태가 조금씩 호전될 기미가 보이자마자 동생은 퇴원을 요구했다. 자신이 알아서 술을 조절할 수 있다며 호언장담했다. 몸이 좋아졌으니 이제는 취직도 하겠다고 했다. 그의 누나가 술병으로 어질러져 있던 방의 사진을 보여주자 언제부터 자신을 그리 걱정했느냐며 알아서 할 것이라고 큰소리를 치니 누나의 걱정은 더 커질 수밖에 없었다. 문제를 제대로 받아들이지도 못하는데 자신이 수습할 수 있다고 우겨대는 동생을 더이상 가만히 지켜볼 수만은 없었다. 주치의와 상의하고 폐쇄병동으로 남동생을 옮기면서 남매간의 갈등은 커져만 갔다. 결국 동생 스스로 음주문제를 수습해야 하겠지만, 문제가 무엇인지 받아들일 때까지는 시간이 필요할 듯했다.

도박중독자처럼 다른 영역의 중독에서도 유사한 상황을 찾아볼 수 있다. 흔히 도박중독자들은 자신들의 문제가 금전적인 것에 있다고 생각한다. 그래서 이번에만 빚을 갚아주면 더이상 도박을 하지 않겠다고 부모에게 다짐한다. 심지어 이번에 하는 큰

판에서 제대로 돈을 따서 빚을 청산하고 나면 다시는 도박을 하지 않겠다고 약속하기도 한다. 하지만 사실 도박중독자의 궁극적인 문제는 금전적인 문제가 아니라 수습의 문제다. 빚을 갚는지 못 갚는지가 아니라 어떻게 그 빚을 갚느냐의 문제인 것이다.

수억 원이 넘는 도박 빚을 진 환자가 있었다. 수중에 돈이 있을 리 없고, 아이 분유값을 대기도 어려운 가정 형편이었다. 그런 사람이 병원에 택시를 타고 오더니 "내가 한 판에 벌면 수천만 원도 그냥 땡기는 사람인데, 그깟 1~2만 원은 돈도 아니지요."라고 말했다. 언젠가 또다시 수천만 원의 판돈을 거두어 들여 일그러진 지금의 현실을 수습하고자 기대한다면, 이 사람에게 미래는 없다. 한 방울 한 방울 땀 흘리는 의미를 알고 성실하게 노력해가면서, 만 원 한 장의 소중함을 몸소 느껴가며 한 푼 두 푼 금전적인 문제를 해결해나갈 때 진정한 희망을 기대할 수 있다. 도박중독자가 지금껏 살아왔던 삶의 방식인 '일확천금'을 버리고 새로운 수습 방식을 받아들일 때, 삶은 제자리를 찾을 수 있을 것이다.

알코올 의존의 수습도 마찬가지로 지금까지 자신이 살아온 방식으로는 해나갈 수 없다. 자신의 고집을 고수해서는 수습이라는 과정은 불가능하다. 지금까지 자신이 살아왔던 그 '방식' 때문에 지금 밑바닥에 다다른 것이다. 수습은 '내가 살아오던 방식'이 아닌 '다른 사람들이 살아가라고 하는 방식'으로만 가능하다. 그래서 우리는 지금까지 살아온 자기 삶의 방식을 포기해야만 하는 것이며, 지금 이 자리에서 '우리의 삶을 수습할 수 없게 되었다.'라는 1단계를 받아들임으로써 치료를 시작하는 것이다.

인생에서 원하는 것을 얻기 위한 첫 번째 단계는
내가 무엇을 원하는지 결정하는 것이다.
- 벤 스타인 -

'시인'

•
•
•

시인은 스스로가 '죽음에 직면한 사람들'이라는 점을 인정하는 것이다.
무자비한 사로잡힘에서 벗어나기 위해 무엇이든지 할 각오로
일어서겠다는 절실함만이 우리의 생명을 구할 것이다.

외래환자들 중에 최근에 재발했던 2명의 이야기를 하려고 한다. 한 명은 20대 중반의 젊은 친구고, 다른 한 명은 40대 후반의 중년 남성이었다.

20대 중반의 젊은 친구는 입원 치료를 받은 적이 3번 있었다. 술만 마시면 난폭해지는 바람에 부모님이 감당할 수 없어 떨어져 살다가, 수개월 전 자신의 문제를 인정하고 부모님께 진정으로 용서를 빈 뒤 다시 함께 살고 있었다. 마저 못한 공부를 하면서 미래를 착실히 준비하고 있었던 그는 사실 한두 달 전부터 친구들을 만날 때마다 맥주 한두 잔 정도를 마시고 있었다. 물론 그

동안 외래방문하면서 술을 마신다는 이야기는 따로 하지 않았다.

술을 조금씩 마시고는 있어도 별 사고는 없었고, 내심 '절대로 예전같이 술을 많이 마시지는 않을 거야.'라고 각오하며 지냈다고 한다. 그리고 수주일 간은 정말 아무 일도 일어나지 않았다. 하지만 결국 음주운전을 하다가 사고를 내고 말았다. 그 뒤 내원해서 그간의 상황에 대해 부끄러워하며 이야기하고 돌아갔다.

그동안 술을 마셨다는 사실과 함께 음주운전 사고를 낸 상황을 나에게 설명하고, 좌절한 모습으로 귀가하던 그 환자의 뒷모습이 일주일 동안 머릿속을 떠나지 않았다. 혹시 완전히 좌절해서 이번 주에 외래진료에 오지 않으면 어쩌나 하고 내심 걱정했다. 의기소침한 표정으로 고개를 숙이고는 있었지만, 다행히도 외래방문을 해주었다. 부모님께 죄송스러운 마음을 하루하루 어떻게 이겨내며 자숙하고 있는지, 왜 다시 술을 마셨을까 하는 후회 때문에 발등을 찍고 싶을 정도로 괴로울 때는 어떤 방식으로 용기를 잃지 않을 수 있는지 이야기를 나누었다. 그 이후에 나는 단호한 어조로 정말 술을 끊을 생각이 있느냐고 그에게 재차 물었다.

40대 후반의 남성은 우리 병원에 10여 회 입원한 경험이 있는 환자였다. 개방 병동 생활도 두어 번 정도 했었다. 이미 많은 교육과 재발을 통해 자신의 문제를 어느 정도 인식하고 있는 환자였다. 또한 최근 부인이 중병에 걸려 수술을 했었고, 장성한 아들들과는 오랜 기간의 음주 문제로 갈등이 많았다. 그리고 최근 다시 시작한 사업이 아직 제 궤도를 찾지 못해 본인이 직접 챙겨야 할 업무가 많은 상태였다.

하지만 이 환자는 최근 수개월간 수차례의 음주 문제가 있었다. '거래처를 새로 트는 데 어쩔 수가 없었다.' '사업 파트너와 오해가 생겨 술을 마시면서 오해를 풀 수밖에 없었다.'와 같이 사업상의 스트레스를 핑계로 간혹 술을 마시고 있었다. 물론 이렇게 가끔 음주는 하지만 단주해야 한다는 생각은 버린 적이 없으며, 외래진료도 가능한 한 빠지지 않으려고 노력하고 있다고 생각했다. 하지만 결국 이런 상태를 그저 반복하고만 있는 자신을 인정할 수밖에 없었다. 상황은 계속 나빠져만 갔고, 결국 이혼 위기에 처했다. 부인은 자신의 암 투병에도 음주를 지속하며 가정이나 사업, 그 어떤 것도 책임지지 못하는 남편을 더이상 견딜 수 없었다. 나 또한 환자와 면담하는 동안에 아직 처절한 변화를 원하는 각오는 찾을 수 없었다. 그는 여전히 자신은 나름대로 노력하고 있다는 점만을 강조했다.

'난 이미 알 것은 많이 아니까.' '난 그래도 빠지지 않고 외래진료는 다니니까.' '시간 나면 A.A. 모임에는 가끔 나가니까.'라며 본인이 회복을 위해 그래도 뭔가 하고 있다고 위안하고, 마치 외래 방문이나 A.A. 참석을 그럴싸한 부적처럼 생각하고 정작 필요한 단주 실천은 등한시한다면 이는 온전한 생활을 위한 준비와는 거리가 멀다. '대충 배운 대로 흉내 내고 살면 회복되겠지.'라는 안이한 생각으로는 절대 회복에 가까워질 수 없다.

회복으로 가는 길은 도처에 무서운 유혹이 숨어 있는 험한 길이다. '적당히 이 정도면 되겠지.'라는 마음가짐으로는 절대로 도달할 수 없는 곳이다. 현재가 더이상 떨어질 수 없는 나락이라는 마음가짐으로 처절하게 매달려야만 얻을 수 있는 각고의 결과다. 1단계에서 시인是認은 스스로 '죽음에 직면한 사람들'이라는 점을 인정하는 것이다. 목숨을 걸고 하는 싸움을 어떻게 대충 할 수 있겠는가? 진정으로 무자비한 사로잡힘에서 벗어나기 위해 무엇이든지 할 각오로 일어선 것이라는 절실함만이 우리의 생명을 구할 것이다. 그리고 그 시인은 머리로 하는 것이 아니다. 두 발로 우뚝 일어서서 앞으로 나아가는 것이 진정한 시인이다.

사는 게 어려운 일이다. 이걸 한 번 받아들이고 나면,
진심으로 그것을 받아들이고 나면, 사는 게 더이상 어려워지지 않아.
왜냐하면 어려운 삶과 내가 하나가 되니까.

-『즐거운 나의 집』(공지영 지음) 中 -

자신이 알코올에 무력한 존재라는 것을 인정한 사람은 당연히 유력한 힘에게 도움을 청할 수 밖에 없다. 하지만 여전히 자신이 더 위대해야 한다는 습성을 온전히 떨치기는 쉽지 않다. 기존의 아집과 독선에서 벗어나 새로운 자세를 갖추는 과정이 2단계로, 이로써 우리는 희망을 싹틔울 수 있다.

2단계

—

겸손의 의미

"우리보다 위대하신 힘이 우리를 본정신으로 돌아오게 해주실 수 있다는 것을 믿게 되었다."

'우리보다 위대하신'

2단계를 시작하며 스스로에게 강조해야 한다.
그냥 '위대한 힘'이 아니라 '나보다 위대한 힘'이다.
'나보다 위대한 힘'이라는 것을 받아들이는 순간, 나의 변화는 시작될 것이다.

12단계를 읽는 방법은 다양하다. 사실 두께도 별로 두껍지 않고, 내용도 달랑 12개의 덕목에 대해 몇 페이지씩 서술되어 있어서 마음만 먹으면 몇 시간만에 충분히 책을 읽을 수 있다. 내용도 별로 어렵지 않아 보이고, 읽다 보면 그 내용이 다 그 내용 같아 보이기도 한다. 하지만 한 번 더 생각해보고, 여기에 이 단어가 왜 쓰여 있는지 곰곰이 고민해보면 정말 많은 생각을 하게 된다. 그 중 하나가 바로 2단계에서의 '우리보다 위대하신'이 아닐까?

'우리보다'라는 단어가 굳이 왜 필요했을까? '우리보다'라는 단어 없이도 충분히 의미를 전할 수 있을 것 같은데, '위대하신 힘' 앞에 '우리보다'를 써야 했던 이유는 도대체 무엇이었을까? 아무 생각 없이 읽으면 별 것 아닌 내용 같지만, 다시 읽고 또 다시 읽으면 분명한 그 이유가 있을 것이다. 아니, 그 이유를 제대로 알고 읽어나가는 것이 곧 12단계를 제대로 읽는 것이다.

'우리보다'가 '위대하신 힘' 앞에 쓰여 있는 이유는 명확하다. 그동안 그 누구보다 나 자신이 위대하다고 생각하며 살아왔기 때문이다. 술을 마실 때든, 술 마시는 이유를 찾을 때든, 다른 사람이 나의 음주 문제에 간섭할 때든, 나 스스로 음주 문제가 있다는 사실에 고민하고 있을 때든 항상 우리는 '위대한 나'의 결정에 따라 행동했다. 그토록 '위대한 나'의 심기를 감히 건드리는 가족이나 직장 상사, 주변 인물들의 태도는 참을 수 없었고, 결국 나는 술을 마실 수밖에 없었던 것이다.

시작이 반이라는 말이 있다. 그래서인지 많은 사람들은 12단계 중에 1단계를 이해하고 받아들이는 것이 가장 힘들다고 한다. 그러나 내 생각은 좀 다르다. 많은 알코올 의존자들은 자신의 음주 문제를 알고 있다. 물론 부정하고 부인하고 남 탓을 하지만 결국 과도한 음주로 피폐해지는 자신의 모습을 보면서 '나에게 문제는 전혀 없어!'라는 외침이 얼마나 공허한지 안다. 알고는 있지만 차마 받아들이기 힘들 뿐이다. 이를 바탕으로 행동을 바꾸겠다고 결심하는 것은 차원이 다른 것이니, 1단계를 수용한다는 것이 대단한 변화임에는 틀림없다. 그러나 여전히 그 변화는 '위대한 나'의 결정에 따른 일이다. 2단계는 더이상 '위대한 나'의 결정이 아니라 '위대하신 힘'의 결정에 따르겠다고 하는 단계다.

'위대한 나'의 모습을 주인공으로 설정하고 평생 살아온 사람이 '나'보다 더 위대한 힘이 있다는 것을 받아들이고, 인생의 결정권을 그에게 양보하는 것에서 2단계는 시작한다. 내가 술은 좀 마셨어도 열심히 직장생활 하느라 그런 것이라고, 그러다 보니 가족에게 좀 소홀했던 것뿐이고, 간이 좀 나빠진 것일 뿐이라고 회복을 안일하게 생각했던 알코올 의존자에게 2단계는 이제 그만 항복하고 위대한 권좌에서 내려오라고 말한다.

누군가는 2단계의 시작이 너무 강압적이라고 생각할지도 모르겠다. 이러니까 12단계를 받아들일 수 없다고 주장하고 여전히 억울해할 수도 있다. 그냥 가벼운 마음으로 '위대한 힘'의 존재만 인정하면 되는 것 아니냐며 항변할지도 모르지만 마음속에 '위대한 나'의 모습이 존재하는 한 회복을 기대하기는 어렵다. '위대한 나'를 얼마나 버리느냐에 따라 회복 과정은 무난할 수도 있고 험난할 수도 있다. 결국 '위대한 힘'을 통해 새살이 돋듯 '건강한 나'의 모습이 회복의 과정에서 새롭게 자리 잡게 될 것이다.

단주를 유지하고 있더라도 '위대한 나'를 비워내지 못하면 '나는 잘 하고 있는데, 내 가족들이 나를 이해하지 못 한다.' '나는 변하려고 애쓰는데, 주변 사람들은 아직도 그 모양이다.'라고 생각하게 된다. '위대하신 힘'보다 내가 다시 앞서 나가려는 행동이며, 과거의 습관이 다시 시작되는 장면이다. 얼마 전 퇴원한 지 꽤 된 환자가 외래에 불쑥 찾아왔다. 반갑기도 했지만 무언가 일이 없었다면 찾아올 리 없는 환자였다. 아무 일 없었다는 듯이 그동안 잘 지냈으며, 앞으로 치료도 받겠다는 이야기를 별 감정 없이 늘어놓았다. 그러고는 처방을 받고 일어서려다가 다시 앉더니 정말 하려던 이야기를 시작했다. 1년 전 퇴원한 이후 부모님의 고향인 금산에 부모님과 함께 내려갔다고 했다. 미혼이었고 직장도 없었기에 부모님의 권고를 뿌리치지 못하고 그냥 수긍한 모양새였다. 술을 마시지는 않았다고 했지만, 그렇다고 단주 모임에 나가거나 병원에 다니지도 않았다. 그런데 문제는 더이상 시골에 있고 싶지 않았다는 점이다. 시골에서 벗어나 스스로 잘할 수 있을 것이라고 생각했지만 부모님은 말렸다. 아직은 고집스럽게 자신의 주장만 하는 모습이 불안했던 것이다. 몇 번의 심각한 위기와 다툼 끝에 주치의의 소견으로 자신의 결정을 합리화해보고자 병원을 찾아왔다. 치료가 필요한 점도, 도움을 받아야 하는 점도, 문제가 자신에게 있다는 점도, 그 어떤 것도 인정하지 않고 그저 벗어나고만 싶었던 것이다. 여전히 자신의 결정이 더 중요했으며, 자신을 지켜주고 있는 위대한 힘을 보려고 하지 않았다. 환자에게 이런 문제를 지적했더니, 그는 슬그머니 일어나버렸다. 아마도 지금쯤은 부모님 곁을 떠나 상경했을 것이다. 그 누구보다 자신이 위대하려는 마음이 여전할 것을 생각하니 걱정된다.

2단계를 시작하며 스스로에게 강조해야 한다. 그냥 '위대한 힘'이 아니라 '나보다 위대한 힘'이다. '나보다 위대한 힘'이라는 것을 받아들이는 순간, 나의 변화는 시작될 것이다. 처음 수영을 배우려고 하면, 강사는 머리를 물속에 집어넣고 힘을 빼라고 가르친다. 하지만 너무도 어려운 주문이다. 숨을 쉬려면 머리를 들어야 하고, 허우적대려면 힘을 주어야 한다. 힘을 빼고 자연스럽게 물에 내 몸을 맡길 때 비로소 몸은 물에 뜨고 헤엄치는 것이 가능해진다. 중독자가 자신만의 힘으로 살아가던 것을 멈추고 위대한 힘에 자신을 맡길 때, 비로소 삶은 제자리를 찾기 시작한다.

우리는 형제로서 함께 살아가는 것을 배워야 한다.
그러지 않으면 바보로서 다 같이 멸망할 따름이다.

- 마틴 루터 킹 2세 -

종교와 신앙

•
•
•

술을 더이상 마시지 않는 건강한 회복자들이
이 세상에는 생각보다 훨씬 많이 존재한다. 분명한 것은
그들을 변화시킨 존재가 결코 '위대한 나'는 아니라는 점이다.

어느 날 12단계 교본을 집에 가지고 간 적이 있다. 푸른 색 표지의 수상한 그 책을 아내가 보더니, "이거 당신 책이야? 무슨 사이비 종교 교리서 같은데?"라며 의심스러운 눈초리로 물었다. 독실한 가톨릭 신자인 아내는 남편이 혹시 유사 종교에 빠진 것은 아닌지 순간 당황했다고 한다. 12단계 교본을 처음 접한 사람들은 흔히 12단계 교본이 기독교 소모임 안내서인 줄 알았다고도 하고, 또 어떤 이들은 이단 종교 교리서 같다고 말하기도 한다. A.A. 모임에 대해서도 좋은 모임이라고 하길래 저명한 학자나 교수가 하는 강의나 교육을 기대했는데, 시답지도 않은 술주정뱅이들이

말 같지도 않은 이야기를 한다며 다시는 참석하지 않겠다고 말하는 사람도 있다.

그 중에서도 특히 2단계와 3단계는 기독교 신자가 아닌 대부분의 사람들이라면 강한 거부감을 느낀다. '위대한 힘' '신神' '믿음'과 같은 단어들이 자주 등장하고, 실제 12단계의 본문에서도 신앙에 대해 직접적으로 언급하기 때문이다.

A.A.는 미국에서 시작되었다. 그 바탕에 기독교 정신이 스며들어 있는 것은 분명하다. 빅북Big Book; 익명의 알코올 중독자들에도 나와 있다시피 A.A.를 창설한 빌 윌슨과 밥 스미스는 처음 A.A.를 만들 때부터 기독교 쇄신 운동 중 하나인 옥스퍼드 그룹에서의 경험(특히 도덕적 검토, 개인의 결점 고백, 해를 끼친 사람에 대한 보상, 알코올 의존자들끼리 서로 도울 수 있다는 확신)을 적용했다. 하지만 옥스퍼드 그룹의 모든 신조들을 다 차용한 것은 아니었다. 예를 들면 옥스퍼드 그룹에서 알코올 의존은 죄악이었지만, A.A.에서는 치료받아야 할 질병으로 간주했다. 옥스퍼드 그룹은 분명한 기독교 조직이지만, A.A.는 어떠한 종교나 종파에도 관계하지 않는다고 공식적으로 선언했다.

일반적으로 종교는 ① 초자연적인 힘, 초인간적인 힘, 신에 대한 숭배를 핵심으로 하는 신앙체계, ② 특정한 실천 행동, 즉 종교 의식, ③ 특정한 감정과 체험, 즉 종교 경험, ④ 종교 단체와 종교 조직으로 구성된다. A.A.에서는 '위대하신 힘' '신神'에 대해 언급하기는 하지만 그 신이 누구인지 특정하지 않으며 그에 대한 숭배를 요구하지 않는다. 또한 '위대하신 힘'이나 '신神'에 대한 종교 의식이 없다. '위대하신 힘'이 우리의 단주에 미치는 영향에 대해 이야기 나눌 뿐, '위대하신 힘'과 연관된 종교적 경험을 선포하지 않는다. 그리고 스스로 종교 단체가 아니라고 분명한 선을 그으며, 조직화되어서는 안 된다고도 선언한다. 천지창조와 인간의 타락, 예수님의 탄생과 죽음, 부활, 영생과 같은 기독교 교리는 눈을 씻고 찾아봐도 12단계 어디에도 없다. 쉽게 이야기해서 기독교 단체라면 어떠한 형태의 모임이라도 기도로 시작해서 기도로 끝을 맺겠지만, 전통을 지키는 A.A. 모임은 그렇게 하지 않는다.

만약 12단계가 동양에서 시작되었으면 어땠을까? '위대하신 힘'을 동양적 사상을 바탕으로 서술하지 않았을까? 실제로 많은 학자들이 12단계의 과정을 불교 법法이나 유교의 도道와 비교한 결과, 전혀 이질적이지 않다는 결론을 내렸다. 물론 불교나 유교에서의 '신神'은 기독교에서의 유일신唯一神의 의미와는 커다란 차이가 있다. 하지만 궁극적으로 지향하는 '선善'이라는 목표에는 큰 차이가 없다.

얼마 전 한 무신론자가 “하느님은 신을 믿지 않는 사람들을 용서하는가?”라고 프란치스코 교황에게 물었다. 그에 대해 교황은 “신을 믿지 않아도 자신의 양심을 따르면 신은 자비를 베풀 것이다. 신앙이 없어도 양심에 따르면 된다. 무신론자들은 양심에 어긋나는 행동을 할 때 죄를 짓게 된다.”라는 답을 해 세간의 관심을 끌었다. 무신론자에게 ‘위대하신 힘’은 양심일 수도 있다. 또는 가족일 수도 있고, 치료진일 수도 있다. 하지만 분명한 것은 변화를 이끄는 존재가 ‘거만하고 위대한 나’일 수는 없다.

12단계가 종교와 전혀 상관 없다는 이야기는 아니다. 앞서 이야기한 바와 같이 12단계에 기독교적 배경을 두고 조직의 목적과 방향을 설정했다는 것은 명확하다. 그래서 기독교 신앙이 있는 사람은 훨씬 무난하게 받아들이며, 다른 종교를 가진 사람들은 거북함을 느낄 수밖에 없다. 몇몇 교회에서, 혹은 신부님이나 목사님이 12단계를 이용해 알코올중독자를 대상으로 사목司牧하는 것이 자연스럽게 느껴질 수 있다. 그러나 A.A.는 기독교의 틀을 버렸다. 특정 신앙을 고집하기보다는 더 많은 사람들이 함께하는 것이 바람직하다는 결론 때문이다. 하지만 신을 버리지는 않았기 때문에 무신론자는 여전히 불편하다. 그렇다고 A.A.가 그것까지 양보할 수는 없었던 것 같다. 우리의 어긋남과 부족함을 설명하기 위해서는 정당하고 완전한 신이 반드시 필요했다. 하지만 그 신의 모습은 여러 가지 형태로 드러날 수 있다는 점을 인정했기 때문에 무신론자와도 타협할 수 있었다.

신앙이 다르다는 것을 핑계로, 혹은 신앙이 없다는 이유로 2단계에서 막혀버리는 경우가 흔히 있다. 하지만 이들 중 대부분은 마지못해 1단계를 인정해놓고 거부할 핑계를 찾는 사람들이다. 종교관의 차이만큼 확실하고 단정적인 핑계가 어디 있겠는가? 더이상의 전진을 멈출 수 있는 정말 그럴듯한 구실이다. 그러나 2단계는 신앙의 문제가 아니라 '나를 변화시키는 선한 힘'의 문제다. 술을 더이상 마시지 않는 건강한 회복자들이 이 세상에는 생각보다 훨씬 많이 존재한다. 분명한 것은 그들을 변화시킨 존재가 결코 '위대한 나'는 아니라는 점이다.

A.A.의 초기 멤버들 중 많은 사람들이
(기독교 개혁모임인) 옥스퍼드 그룹을 떠나고 말았다.
알코올 중독자가 아닌 이 그룹의 멤버들이 지나치게
'종교적'이었기 때문이다. 그들은 일정한 규범을 강요했고,
스스고 지나치게 완벽을 추구했다.

- 불완전함의 영성 (어니스트 커츠·캐서린 케첨 지음) 中 -

‘겸손한 본정신’

분명한 것은 ‘병들어 버린 나’는 결코 올바른 방향으로 내 자신을
이끌어갈 수는 없다는 점이다. 나에게 문제가 있으니,
내 힘만으로는 해결할 수 없다고 인정하는 것. 그것이 바로 겸손의 시작이다.

2단계에 들어오면 많은 환자들이 1단계와는 다른 측면에서 거부감을 느낀다. 신에 대해서 이야기하고, 그에 대한 중독자들의 반응에 대해 이야기하기 때문이다. 신앙이 있든 신앙이 없든 간에, 대부분의 사람들은 신앙에 대해 이야기하는 것을 거북스러워한다. 종교에서는 신앙인으로서 갖추어야 할 덕목을 이야기하고, 어느 정도 수준에 도달해야만 구원을 받는다고 이야기한다. 그리고 신앙인의 규범을 심각하게 벗어나면 죄가 있는 것이라고 말하기 때문에 알코올중독자인 우리들은 신앙에 대해 이야기하면 떳떳할 수 없었다. 그래서 우리 중 일부는 신을 부정할 수밖에 없

기도 하다. 나 이외에 다른 존재로 인해 내세가 좌우된다는 것을 받아들이는 것은 어찌되었든 즐거운 일은 아니다.

그런데 왜 갑자기 2단계에서 신앙을 거론하게 되었을까? 술 이야기에만 집중해도 심각한 음주 문제를 해결하기엔 부족할 것 같은데, 이제 막 음주로 인한 문제를 고민할까 말까 하는 초기인 2단계에, 중독자들에게 '위대한 힘'을 들먹이고, 신에 대해 늘어놓고 있을까? 12단계를 가지고 알코올중독자와 매주 프로그램을 진행하는 나 역시, 신앙 이야기에 대해서는 단호하게 내 개인적인 생각을 환자들에게 늘어놓기에 부담스럽다. 환자도 불편하고, 치료자도 부담스러운 신앙 이야기를 굳이 2단계에 놓은 저의가 무엇일까?

인간이 신으로부터 자유로웠던 적은 없었다. 중세와 같은 시기에는 신이 인간의 역사를 완전히 지배했으며, 현재에도 세계 각지에서 벌어지는 많은 사건들은 종교와 관련이 있다. 반면 인간은 항상 신으로부터 자유로워지려고 했다. 신의 오류를 발견하려고 했고, 이러한 오류는 인간이 과학의 힘으로 확인한 것이라고 했다. 심지어 인간의 욕심을 위해 종교를 이용하기도 했다. 기술의 발전에 따른 급격한 산업화는 이러한 우리의 믿음을 확신시켜주었다. 모든 것은 내가 결정할 수 있었고, 나의 결정은 항상 옳았다. 이러한 내가 중독이라는 병에 걸려 판단이 흐려지고, 비이성적인 행동을 한다는 것은 있을 수 없었다. 자신에게 문제가 있는 것이 아니라 주변에 문제가 있기 때문에 어쩔 수 없이 그렇게 행동한 것일 뿐이고, 술도 마실 수밖에 없었던 것이었다.

우리는 자주 두통을 앓는다. 심한 경우에는 며칠간 지속되거나, 일주일에도 몇 번씩 통증이 찾아오기도 한다. 반복되는 두통이 심각하다고 생각되면, 우리는 흔히 뇌 속에 무슨 일이 생긴 것은 아닐지 의심한다. 뇌에 암세포가 생긴 것은 아닐까? 뇌 조직에 무슨 특이한 변성이 생긴 것은 아닐까? 하지만 우리의 뇌에는 정작 통증을 느끼는 구조물이 없다.

통증이란 세포의 말단에 통증을 지각하는 특정한 수용체가 있어야 뇌가 인지한다. 우리의 피부나 근육, 뼈, 대부분의 내장기관에는 이러한 통증 수용체가 광범위하게 자리잡고 있다. 그래서 조금의 자극만으로도 통증을 느낄 수 있다. 손가락이나 손바닥에는 통증수용체가 많지만, 등과 같은 피부에는 상대적으로 그 양이 적다. 그런데 우리 몸 구석구석에 위치한 통증수용체로부터 감각을 취합하고 그것의 정도를 판정하는 뇌에는 정작 통증수용체가 없다.

혹시 영화 〈몬도 카네Mondo Cane〉에서 살아 있는 원숭이의 뇌를 먹는 사람들이 나오는 장면을 본 적이 있는지 모르겠다. 그 장면에서 충격적인 것은 자신의 뇌가 한 숟갈씩 없어져가고 있는데도 원숭이는 눈치를 채지 못한다는 점이다. 실제 임상에서도 뇌 수술 부위가 발성發聲과 관계된 부위일 경우, 수술중에 환자를 마취 상태에서 깨우고 이야기 나누며 절개 부위를 결정하는 경우도 있다.

우리의 뇌는 감각 중에 가장 강렬하고, 기본적인 통증마저 그 통증이 자신의 것일 경우에는 느끼지 못한다. 통증도 느끼지 못하는데, 보다 고차원적인 기능에 오류가 있을 때 당연히 뇌는 자신의 상태를 제대로 파악하지 못한다. 환청과 피해망상이 심각한 조현병(정신분열증) 환자들의 경우에도, 자신의 생각에 오류가 있다는 것을 전혀 인지하지 못한다. 조울병 환자가 기분이 들떠 분수에 걸맞지 않은 낭비를 하고 무분별한 행동을 해도, 자신의 상태가 정상이 아니라는 것을 받아들이지 못한다. 마찬가지로 술 때문에 직장을 잃고, 가족은 표현하지 못 할 정도로 고통스럽고, 재정 상황은 파탄이 나고, 신체 질병으로 몸이 망가져도, 그 원인이 자신의 음주에서 시작된다는 것을 중독된 뇌가 받아들이기는 힘들다. 우리의 본정신 자체가 망가져버렸기 때문이다.

신앙은 우리에게 인간다운 규범을 제시한다. 여러 사람들이 어울려 사는 세상에서 함께 살아가는 제대로 된 방법을 들려준다.

신앙이라는 말이 여전히 불편하면 '위대한 힘'이라고 표현해도 무방하다. 하지만 분명한 것은 '병들어 버린 나'는 결코 올바른 방향으로 자기 자신을 이끌어갈 수 없다는 점이다. 나에게 문제가 있으니 내 힘만으로는 해결할 수 없다고 인정하는 것, 그것이 바로 겸손의 시작이다.

사랑은 삶의 목적을 알려주고
이성은 사랑을 실천하는 방법을 알려준다.

- 레프 톨스토이 -

믿음, 신뢰

•
•
•

수천 명의 회복자가 식사를 하기 위해 늘어서 있는 그 줄을 보면서,
그제야 난 중독이 회복되는 병이라는 것을 깨달았다.
회복이 있다는 것을 믿게 되었다.

눈을 떴다. 여기가 어디일까? 여관인가? 온 몸이 쑤신다. 울렁대고 메스껍다. 목이 탄다. 머리도 터질 것처럼 아프다. 등이 배긴다. 아, 소주나 한 잔 들이키면 좋을 텐데. 얼마나 누워 있었나? 땀인지 물인지 누워 있는 시트가 축축하다. 내가 소변을 본 건가? 일어나려는데 몸이 말을 듣지 않는다. 이건 또 무슨 일인가? 손이 침대에 묶여 있다니. 소리를 질러본다. 목소리도 잘 나오지 않는다. 큰소리로 있는 힘을 다해 소리를 질러본다. "야!" 그제야 멀리서 발걸음 소리가 들린다. 사방은 흰 벽으로 둘러싸여 있고, 소독약 냄새인지 내 땀 냄새 때문인지 쾌쾌하기도 하고. 여기가 말로만 듣던 정신병원인가? 기어이.

괘씸하게도.

간호사인가? "일어나셨어요?" 하고 묻는다. "여기가 어디예요?" "○○병원이에요." "이것 좀 풀어줘요." "아, 예. 조금만 기다리세요." "우리 부인 어디 있어요?" "집에 계시겠죠." "오늘이 며칠인가요?" 간호사는 사무적으로 딱딱한 어조로 날짜를 말하고, 나도 더이상 묻지 않는다.

이렇게 타의로 입원치료를 시작했다. 다음 날 아침 흰 가운을 입은 재수 없게 생긴 남자가 오더니 자기가 주치의란다. 앞으로 자기가 나를 담당할 거라나? 난 싫은데. 집에 가겠다는 내 요구는 꺼내자마자 바로 묵살당한다. 직장에서는 나에 대해 뭐라고 할까? 출근 안 한 지 벌써 3일째인데. 이제는 조금 술이 깼으니 전화는 해봐야 할 것 같은데 전화도 아직 안 된다고 한다.

그 주치의라는 인간이 면담이라는 걸 하잔다. 하지만 집에 가겠다는 말도, 전화하겠다는 말도, 가족을 당장 봐야겠다는 말도 전혀 받아들여주지 않는다. 오히려 입원 당시의 상황만 물어보고 나에게 문제가 있다는 식으로만 말하고는 냉정하게 돌아선다. 다음 날 다시 찾아온 그 인간이 나의 문제가 알코올중독이라면서 자기를 믿고 이 병원에서 치료받으란다. 지랄. 나를 언제 봤다고. 나이도 나보다 어린 것 같은데 어떻게 그 사람 말을 믿을 수 있겠나? 나를 계속 입원시켜 돈이나 벌려는 수작이겠지.

병원에 처음 입원하는 많은 환자분들의 반응이다. 자신이 원해서 입원한 것도 아니고, 술에 취한 상태에서 입원한 때의 기억도 가물가물해한다. 처음 본 주치의를 신뢰한다는 것은 어지간히 긍정적인 사람이 아니고는 참으로 어려운 도전이다. 입원 후 면담이나 교육, 책 등을 봐도 자신을 알코올중독자라고 하는 것을 받아들이기는 쉽지 않다. 하지만 12단계 교본을 받자마자 던져버리지 않고, 아직 읽고 있다면 절망적이지는 않다. 1단계를 보고 황당해했어도 아직 미심쩍지만 2단계를 보고 있다면 분명한 희망이 있다.

변화는 문제를 인식함으로써 시작된다. 하지만 문제를 인식해 변화의 물꼬가 트였다고 해도, 옳은 방향을 향하리라는 보장은 없다. 중독자들은 여태껏 자신이 고집해왔던 방향이 있다. 이는 가족들이나 치료진의 생각과는 다른 방향이다. 중독자들은 빨리 퇴원하기만을 원하지만 변화 없는 퇴원에는 반복된 재발만 있을 뿐이다.

입원한 병동에는 다양한 사람들이 있다. 마치 예비군 훈련에서 만난 사람들과도 비슷하다. 상의를 다 꺼내고 군화도 꺾어 신은 모습으로 껌을 소리 내어 씹으면서 마지못해 훈련하는 사람이 있는가 하면, 마치 현역처럼 각이 잡힌 사람도 있다. 그런데 여기서 의문점이 생긴다. 삶에 대한 의지가 몸 전체에 배어 있는 듯한 새로운 각오와 자세를 갖추면, 과연 술은 끊을 수 있을까? 태도를 바꾸고 마음가짐을 새롭게 한다고 해서 술이 끊어질까? 의문은 불안을 낳고, 불안은 회의懷疑를 낳고, 이렇게 만들어진 의심은 어김없이 우리를 실패로 이끈다.

변화의 방향을 제대로 잡는 데는 무엇보다 믿음이 중요하다. 100% 확신할 수는 없다. 세상의 어떤 치료자도 중독자나 가족에게 100% 완치를 약속하며 치료할 수는 없다. 하지만 많은 회복자들이 이 길을 통해 술에서 자유로워졌다는 것은 분명하다. 이 병원에서 치료하면 몇 %나 술을 끊을 수 있느냐고 가끔 환자들이 묻는다. 매번 재발해서 또다시 들어오는 사람들밖에는 안 보이는데, 과연 술을 끊은 사람들이 있기는 하냐는 것이다. 그분들은 정확한 숫자를 요구하지만 사실 정확한 숫자는 어느 누구도 모른다. 그래도 학술적인 결과나 병원에서의 통계를 참고해 숫자를 이야기해주는데, 그러면 그렇게 높을 수가 없다며 말도 안 된다며 비웃는다.

경주에서 열린 A.A. 컨벤션에 참석했을 때의 일이다. 밤새 이루어지는 마라톤 미팅도 인상적이었고, 회복자 본인이나 가족의 경험담을 듣는 것도 무척 감동적이었다. 그러나 무엇보다도 나의 뇌리에 강한 인상을 주었던 것은 배식을 받으려고 회복자들이 늘어서 있는 줄이었다. 수천 명의 회복자가 식사를 하기 위해 늘어서 있는 그 줄을 보면서, 그제야 난 중독이 회복되는 병이라는 것을 깨달았다. 회복이 있다는 것을 믿게 되었다.

치료진에게도 회복에 대한 믿음은 중요하다. 어느 환자도 회복을 믿지 않는 치료진에게 도움을 받을 수는 없다. 중독자에게도 마찬가지다. 어느 중독자도 회복을 믿지 않고서는 회복에 이를 수 없다. 그리고 그 중에서도 회복에 이른 많은 사람들이 걸어갔던 그 길에서 가장 핵심이 되는 것은 회복에 이를 것이라는 믿음이다. 2단계는 이런 믿음을 이야기하는 장이다. 그래서 2단계는 '믿게 되었다'라는 말로 마무리하고 있는 것이다.

상대방과 하나의 마음이 되긴 어렵습니다.
내 마음 따로, 상대 마음 따로니까요. 그럼 어떡해야 할까요.
내 마음을 꺾으면 됩니다. 그럼 상대와 하나가 됩니다.
내가 상대방의 마음을 꺾는 것은 불가능하니까요.

- 『생각의 씨앗을 심다』 (백성호 지음) 中 -

위대한 힘(우리가 이해하게 된 대로의 신)에 대한 정의는 각자에게 달려 있지만, 적어도 살기 위해서는 위대한 힘의 인도를 믿고 따라야 한다. 여태껏 유지해오던 나의 자유의지가 아니라, 위대한 힘에게 나의 의지와 생명의 전적을 의탁함으로써 12단계의 실천을 위한 준비과정은 마무리된다.

3단계

—

전적인 신뢰

“우리가 이해하게 된 대로, 그 신神의 돌보심에 우리의 의지와 생명을 맡기기로 결정했다.”

'나의 생명을 맡긴다'

•
•
•

술을 끊는 작업은 목숨을 바쳐 해야 하는 일이다. 그만큼 어렵다.
그런데 어차피 실패할 거라는 자포자기의 마음으로
단주를 하겠다면 그 결과는 뻔하다.

술을 끊으려는 노력은 목숨을 걸고 하는 일이다. 물론 회복이 저절로 하늘에서 떨어지는 것은 아니라고 생각했지만, 생명을 맡기는 각오까지 필요하다고 생각했는지 스스로에게 물어보자. 재발을 반복하고 또다시 죽을 고비를 넘기며 병원에 입원하는 환자를 떠올려보면, 단주란 생명을 걸고 지켜야 하는 미래를 위한 약속인 것이다.

위암이나 간경화를 앓고 있는 사람들의 이야기가 아니다. 그저 술을 많이 마셔서 스스로의 삶을 돌이킬 수 없게 된 우리 알코올 중독자들의 이야기다. 어떤 사람들은 "난 술은 좀 많이 마셨지만, 아직 큰 병이 있는 것은 아닌데?"라고 반문할지도 모른다. 목숨까지 저당 잡히기에는 자신의 문제가 그리 크지 않다고 생각할지도 모른다. 하지만 다시 한 번 잘 생각해보자. 생명을 지키는 문제가 질병이 있고 없고의 문제인지, 아니면 살아야겠다는 희망의 문제인지 말이다.

알코올중독자들을 치료하면서 가장 힘든 환자는 폭력적이거나 특정한 인격 장애(성격에 문제가 있는 정신건강의학과적 질병)가 있는 환자가 아니다. 바로 희망을 버린 환자들이다. 자신이 술에서 벗어날 수 없으며, 술을 끊는 일은 절대적으로 불가능하다며 치료진의 도움을 냉소적으로 거부하는 환자가 상담하기에 가장 힘들다. 자신의 삶은 이미 끝났으며, 이미 모든 것을 잃어버렸기 때문에 술을 끊어야 할 이유도 전혀 없다고 고집스럽게 주장하는 환자들이다. 이들은 '술 때문에 과거를 망쳐버렸고, 지금은 끔찍하게 괴로우며, 미래는 없다.'라고 생각한다. 알코올중독자들이 이렇게 생각하며 살아간다면 치명적인 신체적 질병의 유무와는 관계없이 이미 생명을 잃어버린 것이나 다름없다.

술을 끊는 작업은 목숨을 바쳐 해야 하는 일이다. 그만큼 어렵다. 그런데 어차피 실패할 거라는 자포자기의 마음으로 단주를 하겠다면 그 결과는 뻔하다. 나는 자주 환자들에게 "술을 끊을 수 있다고 생각하는 사람은 끊을 것이고, 술을 끊지 못할 것이라고 생각하는 사람은 절대로 끊을 수 없다."라고 이야기한다. 단주에 대한 희망과 열망이 우리를 살릴 수 있다.

나는 치료를 처음 시작하는 알코올중독 환자들을 접하면 그들에게 희망의 씨앗이 될 만한 것이 무엇인지부터 찾는다. 대부분 가족이 그 씨앗이 된다. 환자의 부모님이나 자식, 부인 등이 바로 치료를 받아야 하는 이유가 된다. 어떤 경우에는 자신의 꿈, 여태 이루지 못한 소망, 신체적 회복 등이 될 수도 있다. 이러한 것들이 술을 끊어야 하는 동기가 되고 자신이 살아야 하는 이유가 되는 것이다.

일단 살아야 하는 이유를 찾으면 그것은 아무리 힘들든 고달프든 살아내야 한다. 이유가 있기 때문이다. 그리고 그 이유가 바로 내가 소망하는 내일이고 미래가 된다. 회복의 과정은 단순한 단주가 아니다. 미래를 꿈꾸는 희망의 시간이다. 나의 생명을 걸고 죽을 각오로 미래를 위해 오늘을 살아가는 소중한 채움의 과정이다.

과거에 운동선수였던 한 환자가 있었다. 딸이 너무나 보고 싶다고 했다. 하지만 아직은 차마 그들 앞에 나설 수 없다고 했다. 처음에 이 말을 듣고는 이해가 가지 않았다. 아이 아빠인데, 아무리 이혼했다고 전처가 딸을 못 보게 한다면 그것은 너무 가혹한 것이 아닌가 싶었다. 하지만 사실 오롯이 그의 선택이었다. 이미 5년째 단주를 지켜가고 있지만, 아직은 스스로 떳떳함이 부족하다고 판단하고 있었다. 언젠가 당당하게 스스로 회복자라고 생각할 그날을 기다리며 하루하루를 살아가고 있다고 했다. 그리고 반드시 아버지로서 딸들 앞에 자신 있게 나서고야 말겠다고 했다. 이 사람에게 딸은 무엇과도 바꿀 수 없는 소중한 존재다. 하지만 그 딸은 그를 어린 시절 아버지의 모습으로 기억하고 있을 것이다. 그런 딸에게 섣불리 나섰다가 또 다른 실망을 안겨주고 싶지 않았다.

오늘도 회복자들을 바라보며 반성한다. 과연 목숨 걸고 치열하게 싸우고 있는 이 전투에서 나는 과연 내 전우들인 그들만큼 진지한가?

과거에서 배우고, 현재를 살며, 미래를 꿈꾼다.

- 알버트 아인쉬타인 -

'돌보심'

•
•
•

사람들은 누구나 시행착오를 한다.
그 시행착오의 결과로 알코올중독이 발생했다면,
알코올중독에서 벗어나는 새로운 노력을 시작해야 한다.

지난해 말 알코올 상담센터(지금의 중독통합관리센터)의 단주 송년제에 초대받아 참석한 적이 있다. 20년째 단주를 이어가고 있는 회복자부터 올해 새롭게 단주를 시작한 사람까지 정말 많은 사람들이 서로 그들의 회복을 축하해주는 자리였다. 회복자들을 만나고 그들의 이야기를 들을 때마다 드는 생각이지만, 그들은 나에게 참 많은 가르침을 준다.

일반적인 단주제와 마찬가지로 그동안의 단주기간을 기념하는 메달을 전달하고, 메달을 받은 회복자는 간단한 소감을 말하는 시간이 있었다. 정확히는 기억나지 않지만 십수 년 째 단주하고 있던 회복자가 이렇게 말했다. "처음 단주를 시작하고 정말 기를 쓰고 술 마시는 걸 참았습니다. 스스로 할 수 있는 모든 노력을 다해서 참고 참고 또 참아냈습니다. 그동안 가족이나 주변 사람들은 이렇게 힘들게 노력하는 나를 제대로 이해하지도 도와주지도 못하는 것 같아 야속했던 적이 하루이틀이 아니었습니다. 그렇게 한 해 한 해가 지나갔습니다. 5년이 지나고 10년이 지나갈 무렵, 문득 깨달았습니다. 내가 그동안 단주를 위해 한 것은 아무것도 아니었다는 것을 말입니다. 내가 잘나서 단주를 유지하고 있었던 것이 아니라 주변 사람이나 가족, 그리고 위대한 힘이 나를 지켜주고 있었다는 사실을 알았습니다. 실은 내가 단주를 위해 한 것은 아무것도 없었다는 것을 한참이 지나 깨달았습니다." 그러면서 그 자리에 있는 가족과 동료들, 그리고 치료진에게 진심 어린 감사의 말을 덧붙였다.

어느 대학교의 모 교수가 입원했다. 외국에 유학도 다녀오고, 학술적인 성과도 많이 거둔 저명한 교수였지만 음주 문제는 이 교수도 피해갈 수 없었다. 유학 시절 말도 통하지 않는 기숙사에서 홀로 지내며 외로움을 달래기 위해 술을 마셨다고 한다. 연구 성과를 축하하기 위해 술을 마셨고, 학생들과 어울리기 위해 술을 마셨으며, 대학교에서 보직을 맡은 이후에는 스트레스에 대한 중압감으로 술을 마셨다. 그러다 보니 어느 순간 술 마시는 남편이 되어 부인이 그에게서 떠나갔고, 간신히 학기는 마무리했지만 도저히 생활을 감당되지 못할 듯해 방학을 하자마자 형제와 아들들이 입원을 결정하고 그를 데리고 왔다.

하지만 문제는 환자 자신이었다. 입원한 이후에도 중독자가 아닌 교수님으로만 행동했다. 알코올중독에 대해 교육받는 것을 완강히 거부하고, 개인상담에서도 자신이 알코올중독자가 아니라는 사실에 대해서만 고집했다. 이럴 때는 학자로서의 모습이 여실히 드러나서, 알코올중독 관련 책자에 있는 문구 하나하나를 따지고 들며, 당신의 증상과의 차이점을 강조했다. 집단상담에 몇 번 참석한 이후에는 자신과 어울리지 않는 분위기에 어울리지 않는 사람들이 있다며 완고하게 집단상담 참석을 거부했다. 기본적으로 퇴원하겠다는 자신의 의사가 받아들여지지 않는 현실을 전혀 인정하려고 하지 않아 치료 진행이 한 발짝도 나가기 힘든 상황이었다.

지난 학기 그 교수에 대한 교원평가 점수는 낙제점이었다. 최근 몇 년째 연구 성과는 전혀 없고, 대학원 지도학생도 이미 다 떠나고 없었다. 학부 강의도 수강자가 항상 미달되어 폐강된 적도 자주 있었다. 교수의 음주 문제는 학교 측에서도 이미 공공연히 알려진 비밀이었다. 그러나 그 교수는 한사코 부인했다. 그리고 빨리 퇴원해서 방학동안 다음 학기를 준비해야 한다는 말만 반복하며, 술은 자신의 의지로 충분히 조절할 수 있다고 했다. 틀린 말만은 아니다. 문득 술에서 깨보니, 그동안 놓쳐버린 수많은 일들이 머리를 스쳐 지나갔을 것이다. 마음이 급해질 수밖에 없고, 하루빨리 나가서 만회하려는 생각을 하는 것도 당연하다. 하지만 아직 그럴 때가 아니었다. 몸도 마음도 생각도 아직은 치료가 필요했다. 그런데 고집만이 앞선 바람에 퇴원 후에 뜻대로 안 되면 여지없이 또 술을 마실 수밖에 없는 상태였다.

회복은 어떤 똑똑한 사람이 머리를 잘 쓰면 이루어낼 수 있는 목표가 아니다. 사람들은 누구나 시행착오를 한다. 시행착오를 해결하려면, 기존에 해왔던 방식에서 탈피해 새로운 방식을 찾아야 한다. 지금까지 시행착오의 결과로 알코올중독이 발생했다면, 알코올중독에서 벗어나는 새로운 노력을 시작해야 한다. 이것은 '내가 지금까지 해왔던 방식'에서 벗어나는 것이다. 이를 위해서는 '내가 아닌 다른 누군가가 충고하는 방식' '내가 아닌 다른 누군가가 해왔던 방식'을 시작해야 한다. 물론 어려운 일이다.

버스를 한참 기다려도 내가 타려는 버스는 오지 않는다. 늦을 줄 이미 알고 있다고 생각하고, 다른 사람에게 물어보는 것은 무척이나 자존심 상하는 일이라 30분이고 한 시간이고 계속 기다렸다. 하지만 알고 보니 목적지에 가는 버스는 건너편에 있었다. 아무리 내 의지가 강해도 오지도 않는 버스를 기다려봤자 소용이 없다. 행인들이나 버스기사에게 물어보고 길을 건너야만 목적지에 갈 수 있다.

묻기만 하면 알 수 있다. 도움을 주려는 사람들이 주변에 많이 있다. 어쩌면 어떤 사람은 길 건너까지 동행해줄지도 모른다. 지도를 다시 들여다보면 자신이 실수했다는 것을 알아챌 수 있다. 표지판도 알려주고 있을 것이다. 그리고 나를 목적지까지 데려다줄 버스도 건너편에 있다. 나를 목적지까지 데려다줄 모든 준비는 다 되어 있고, 너무나도 따뜻한 마음으로 나의 결심을 기다리고 있다. 다만 내가 그 돌보심에 몸과 마음을 맡기고 있지 못할 뿐이다.

불행하고 약하고 초라한 사람으로 자신을 생각하는 사람은
자신도 모르게 그런 인생을 만들어나간다. 밝은 미래로 나아가려면
시각을 바꿔야 한다. 의심이 아니라 믿음을 품어야 한다.

-『긍정의 힘』(조엘 오스틴 지금) 中 -

'결정했다'

아직은 선택권이 나에게 있다. 술을 마시지 않게 될 권리,
삶을 다시 수습할 권리, 당당하게 사회인으로서 살아갈 권리,
그러한 권리들이 아직은 나에게 있다.

3단계를 읽을 때마다 눈여겨보게 되는 단어가 '결정했다'이다. 생명과 의지를 모두 신에게 의탁해야 한다고 쓰여 있으면서도 그 구절이 '결정했다'라는 단어로 마무리되는 것은 의미심장하다.

결정이라는 단어는 사전에 '행동이나 태도를 분명하게 정함'이라고 기술되어 있다. 이렇듯 어떠한 내용을 확정하는 과정은 자신의 의지에 대한 대외적인 표명이다. 결정이라는 단어에는 나 자신의 의지가 깊이 숨어 있다. 결정은 나의 의지로 내리는 것이다. 목숨을 걸고 이루어내야 할 소중한 회복을 위해서 의지까지 신에게 맡기는데, 그 과정을 하는 사람은 바로 나 자신인 것이다.

한 당뇨병 환자가 당뇨병이 계속 심해지는 것 같아 큰 병원의 유명하다는 전문의를 찾아갔다. 그리고 다음과 같이 말했다. "선생님이 당뇨병 치료에 권위자라고 하더군요. 그러면 제 병을 좀 고쳐주세요. 하지만 분명히 해둘 것이 있습니다. 환자는 나고 의사는 당신이니까, 고치는 사람은 당신입니다. 나에게 식사를 어떻게 하라거나 운동을 어떻게 하라는 등의 지시는 하지 마세요. 나는 먹고 싶은 것을 못 먹는 것은 싫고, 운동도 질색입니다. 나는 내가 하고 싶은 대로 하고 살 테니 병은 명의인 당신이 고치세요." 이 환자가 과연 당뇨병을 이겨낼 수 있을까?

당뇨병은 약물치료와 함께 식이조절과 운동이 동반되어야만 고쳐질 수 있는 질환이다. 환자는 열심히 시간에 맞추어 약을 챙겨 먹고, 음식을 조절해 섭취하며 적절한 운동을 해야 한다. 나의 의지와 결심이 필요한 부분이다. 알코올중독 또한 마찬가지다. 내 생명과 의지를 위대한 힘에게 의탁하겠다는 판단과 실행은 단호한 나의 결심이 없으면 이루어질 수 없다. 그리고 그 결심을 실천하는 것 또한 나의 결정에 따른 사안이다.

내 의지를 신에게 의탁하겠다고 하는 것, 그리고 그의 결정에 따라 내가 행동하겠다고 하는 것은 지금까지의 문제에서 벗어나고자 하는 내가 선택할 수 있는 유일한 방법이다. 지금까지 나의 선택은 항상 자만으로 가득 차 있었다. 말도 안 되는 오류를 반복했고 스스로를 변명했다. 재발하는 원인은 항상 다른 사람에게 있었으며, 그 상황에서의 음주는 항상 정당했다. 하지만 그 결과는 삶을 돌이킬 수 없는 지경에 이르게 만들었다.

아직은 선택권이 나에게 있다. 술을 마시지 않게 될 권리, 삶을 다시 수습할 권리, 당당하게 사회인으로서 살아갈 권리, 그러한 권리들이 아직은 나에게 있다. 하지만 그 권리를 어떻게 행사하느냐에 내 생명이 달려 있다. 지금까지 나의 의지에 따른 결정은 그 권리를 처참히 짓밟았다.

알코올중독자는 물에 빠진 사람과 같다. 혼자 힘으로 헤엄쳐 나오지 못하는 상황에 처한 상태인 것이다. 온 힘을 다해 허우적댄다고 해서 위험에서 벗어나기는 어렵다. 물 밖에서 던져주는 구조용구에 차분히 몸을 맡기는 방법만이 살 길이다. 구조대원은 절대로 물에 빠진 사람에게 정면으로 다가가지 않는다. 뒤에서 접근하는 구조대원이 있다면 더이상 허우적대지 말고 그에게 몸을 맡겨야만 한다. 이런 경우 할 수 있는 유일한 선택은 내 힘은 빼고, 다른 사람의 인도에 따르겠다고 스스로 결정을 내리는 것뿐이다. 알코올중독도 그러하다. 그동안 살아왔던 나의 방식은 과감히 버리고, 자신이 이해하게 된 대로 신(위대한 힘)에게 온전히 자신을 내맡기는 결정, 그것만이 나의 생명을 살리는 길이다.

그런데 간혹 물에서 건져 놓았더니 봇짐을 내놓으라고 한다는 속담이 떠오르게 하는 경우도 있다. 십수일간 식사도 제대로 하지 않아 바짝 마르고, 씻지도 않아 너무도 처참한 몰골로 입원하는 환자들도 있다. 힘이 없어 제대로 의사표시도 하지 못하고, 기력이 없어 누군가의 도움이 계속 필요한 상태로 들어온 그가 입원 후 며칠이 지나 호전되기 시작한다. 밥도 자기 힘으로 먹고, 샤워도 하고, 그리고 의사표현을 시작하더니 당장 퇴원시켜달라며 결국은 고함을 치기 시작한다.

과연 어떤 결정을 해야 할까? 12단계에서의 질문은 항상 답이 너무도 뻔하다. 이리도 뻔한 질문과 답을 왜 반복할까? 질문이 너무도 뻔한데, 어이없는 답을 하고 마는 것이 중독이라는 병이 바꾸어 놓은 우리의 모습이기 때문이다. 희한하고 기발한, 남이 전혀 하지 않은 새로운 발상을 기대하는 것이 아니다. 너무도 뻔하지만 정말 의미 있는 결정을 이제는 내려야만 한다.

약한 사람은 결정을 내리기 전에 의심하고,
강한 사람은 결정을 내린 후에 의심한다.
-카를 크라우스-

평온함을 청하는 기도

바꿀 수 있는 유일한 대상이 '나'라는 사실을 받아들이는 지혜,
노력할 수 있는 '용기', 그리고 내 뜻대로가 아니기를 소망하는 자세,
알코올중독으로 벗어나기 위해 가장 핵심적인 세 가지 요소다.

우리가 처음 소주를 입에 대었을 때 어떠한 느낌이었을까? 달콤하고 향긋하며 자꾸 마시고 싶은 느낌이 나는 음료였을까? 아마도 전혀 그렇지 않았을 것이다. 우리가 처음 맛본 술은 약품 냄새 같기도 하고, 씁쓸하며, 어느 정도는 역한 느낌이 들기도 했을 것이다. 세상에 태어나면서부터 알코올중독자인 사람은 없다. 모두 예전에는 중독자가 아니었지만, 언젠가부터 자신이 스스로의 음주를 통제할 수 없게 되어 버렸다.

동물 실험 이야기를 해볼까 한다. 실험 동물로 가장 흔히 사용되는 것이 쥐다. 하얗고 조그마한 이 귀여운 동물은 원래 탄수화

물을 좋아한다. 과자나 밀가루로 된 음식이 있으면 쪼로로 달려와 날름 먹어치운다. 이 실험용 쥐에게 소주를 주면 어떨까? 사육장의 칸을 나누어 한쪽에는 물을 두고, 한쪽에는 소주를 넣으면 처음에는 당연히 물만 마신다. 그런데 빨대를 주사기 끝에 연결해 매일 소주를 강제로 먹이면 채 10일도 되지 않아 쥐는 물보다 소주를 마시기 시작한다. 이러한 변화는 쥐가 의도한 변화가 아니다. 뇌의 변화로 인해 어찌할 수 없는 상태가 된 것이다. 술에 대한 우리의 조절력 또한 이렇게 상실되어버린다.

우리 뇌에서는 신경전달물질이라는 일종의 호르몬과 같은 화학물에 의해 뇌신경 세포의 신호가 전달된다. 그 중에서도 가바GABA와 글루타메이트가 가장 중요하다. 단순히 설명하지만 가바는 신호의 전달을 억제하는 반면 글루타메이트는 신호의 전달을 촉진한다. 이 두 신호는 마치 시소처럼 균형을 이루어 우리의 행동과 생각이 한쪽으로 지나치게 치우치지 않도록 한다. 그런데 알코올은 가바와 유사하게 작용한다. 알코올을 많이 마시면 사람들은 잠을 잔다. 노래방에서 옆 사람이 고래고래 소리를 지르고 노래를 불러도 꾸벅꾸벅 존다. 술을 마시고 운전을 못 하게 하는 이유도 가바 때문이다. 술을 마시면 신경신호의 전달이 늦어져서 신호의 변경이나 갑작스러운 외부 자극에 신속하게 반응하지 못해 사고를 내게 된다.

가바와 유사한 술의 작용이 오랫동안 지속되면, 우리 뇌는 균형을 찾기 위해 뇌에서 가바의 양을 줄이고 글루타메이트의 양을 늘린다. 우리 뇌는 더 충동적이고 극단적이게 된다. 이성적인 판단력이나 참을성, 행동에 대한 조절 능력 등이 떨어진다. 어쩔 수 없는 것과 어쩔 수 있는 것을 구분하지 못하고, 현명한 용기도 사라지며, 지혜는 꿈도 꾸기 어려워진다. 이 상황에서 정말로 어이없는 행동이 나타난다. 생떽쥐페리의 소설 『어린 왕자Le Petit Prince』에 나오는 것처럼 계속 술을 마시고 있는 자신이 한심스러워 또다시 술을 마시는 상황이 발생한다. 자신을 걱정하는 가족의 충고에 자존심이 상해서 술을 더 마셔버리는 일도 일어난다. 이런 상태에서 "내가 알아서 할게."라는 얼토당토 않는 고집만이 지배한다. 긍정적 변화를 향한 선의의 동기나 의도가 중독자에게 존재하는지에 대해서도 의문이 들 수밖에 없다.

어느 일요일 저녁 쉬고 있는데 갑자기 휴대전화 벨이 울렸다. 모르는 번호라 몇 번을 망설이다가 받았는데, 건너편 목소리는 술에 취해 있었다. "저예요, ○○. 입원하려고 전화했는데, 병실이 없다네." 환자였다. 그 환자는 절대 잊을 수 없을 정도로 문제가 정말 많았던 사람이다. 사실 내부적으로는 가급적 입원을 시키지 않기로 정해져 있었다. 지난번 입원중에 퇴원을 요구하며 병동 집기를 부수고 난동을 피웠던 적이 있었기 때문이다. 결국 그 문제로 치료가 제대로 진행되지도 못한 채 퇴원을 할 수밖에 없었다. 처음 입원도 아니었고, 치료자와 환자 사이의 관계가 나쁜 편도 아니었다. 가족들도 환자에 대한 애정이 많았으며 면회도 주기적으로 오고 있었다.

간경화가 심한 상태였고 당뇨도 있었다. 그래서 이제는 예전처럼 술을 많이 마시지도 못했다. 병원 치료가 필요하다는 것도 알고, 치료를 받아보려는데 병원에서 병실이 없다고 하니, 몰래 적어놓은 주치의 번호로 전화를 한 것이었다. 문제는 괴팍한 성격이었다. 참을성이라고는 눈곱만큼도 없었다. 지난번 입원했을 때의 소란 역시, 직원 중 한 사람이 "나가신 지 얼마나 되었다고 또 오셨어요?"라고 한 말에 흥분해서 순식간에 저지른 일이었다. 어쩌면 이제는 술 자체보다도 쉽게 폭발하고 난폭해지는 행동이 더 큰 문제였다. 이 상태에서 다시 할 수 있는 선택은 치료를 이어가는 것뿐이다. 이것은 자신의 결심의 문제로, 어쩔 수 있는 일이다. 그렇게 그는 내 마음대로 하지 못한다고 역정을 내고 소리를 내지르는 행동을 멈추고 도와달라는 손길을 내밀었다.

A라는 사람은 3년 전까지는 미국에 있었다. 나름 기술을 가지고 가진 돈을 다 모아 10년 전 이민을 갔고 그곳에서 둘째 형님

과 함께 사업을 했다. A는 기술을 담당했고, 형님은 영업을 담당했다. 사업은 번창했고 돈도 상당히 모았지만, 함께 사업하던 형님이 A 환자 몰래 도박을 했고, 어느 순간 빚만 남아 있다는 것을 알게 되었다. 연락이 끊긴 것은 아니었기에 둘째 형님은 빠른 시일 내에 돈을 갚겠노라고 약속했고, A는 가족과 함께 귀국했다. 그리고 3년이 흘렀다. 삶은 나아지지 않았고, 빚을 책임지겠다던 형님의 약속은 여전히 지켜지지 않았다. 생각만 하면 피가 거꾸로 솟았고 그럴 때마다 일손을 놓고 술을 마셨다. 결국 우리나라에서 잡은 새 직장에서도 쫓겨났다. 이것은 어쩔 수 없는 일이다. 처음부터 사업을 꼼꼼하게 챙겼으면 좋았겠지만, 지나버린 시간을 되돌릴 방법은 없다. 형님 때문에 떠안게 된 빚도 바꿀 수 없는 일이다. 오늘을 충실하게 지내는 것만이 해결책이다. 다행히 지금의 A는 오늘을 위해 사는 삶을 받아들이고, 작은 사업장에서 지배인 역할을 하며 의연하게 회복의 길을 걸어가고 있다.

우리가 어찌할 수 있는 것에는 무엇이 있을까? 부부 싸움을 한 후 배우자의 마음을 내가 원하는 대로 움직여 사과를 받아낼 수 있을까? 음주 문제 때문에 가족이 받은 상처를 순식간에 없애버릴 수 있을까? 술로 인한 내 실수가 뿌리 깊이 각인된 부모님의 아픈 기억을 사라지게 할 수 있을까? 아무리 보잘것없어 보이는 주변 사람이나 환경도, 무조건 내 의도대로 따르도록 하는 것은 불가능하다. 그리고 무엇보다 문제는 앞서 말한 것처럼 '내 의도'가 건강하지 않다는 점이다. 우리가 어찌할 수 있는 것은 나의 결심과 행동밖에는 없다. 이것이 우리가 할 수 있는 가장 현명한 용기다.

내가 바꿀 수 있는 가장 유일한 대상이 '나'라는 사실을 받아들이는 지혜와 그 지혜를 바탕으로 노력할 수 있는 '용기', 그리고 무엇보다도 그 방향이 내 뜻대로가 아니기를 소망하는 자세, 이것들이 알코올중독에서 벗어나기 위해 가장 핵심적인 세 가지 요소다.

하느님!
어쩔 수 없는 것을 받아들이는 평온함을 주시고,
어쩔 수 있는 것은 바꾸는 용기를 주시고,
그리고 이를 구별하는 지혜도 주소서.
당신의 뜻대로 이루어지기를.

- 라인홀트 니버 -

4단계부터 7단계까지는 변화를 위한 본격적인 준비가 시작된다. 이를 위해서는 자신의 문제가 진정 음주 문제만이 아니라는 점을 깨달아야 한다. ‘도덕적 검토’라는 단어는 그들이 부도덕한 인간이라는 뜻이 아니다. 알코올중독이라는 병에 걸린 ‘사람의 문제’를 말하는 것이다. 치료 결과 잠시 병은 나은 것 같아도 사람이 변하지 않으면 다시 병은 찾아온다. 그래서 변화의 주인공은 ‘병’이 아니라 ‘사람’이다. 질병을 예방하기 위해 면역력을 향상시키고자 노력하는 것처럼 우리 자신을 변화시키기 위해서는 자신의 문제를 제대로 알아야 한다. 우리가 할 수 있는 것은 ‘면역력’ 그 자체가 아니라 우리의 면역력이 올라갈 수 있도록 하는 ‘준비’다.

2

변화를 위한 '준비'가 중요하다

문제해결을 위한 우선적인 과제는 문제를 파악하는 것이다. 1단계에서 우리는 알코올에 무력해 삶을 수습할 수 없게 되었음을 시인했다. 그러면 이제 우리가 수습할 수 없게 된 삶의 모습이 무엇인지 구체적으로 알아야 하지 않겠는가? 음주 문제와 함께 삶의 문제를 검토함으로써 우리는 후련함이라는 최초의 열매를 수확할 수 있다.

4단계

—

도덕적 검토

"두려움 없이 우리 자신에 대한 도덕적 검토를 했다."

‘두려움’

4단계는 12단계의 줄기와도 같다.
1~3단계를 통해 삶이 새롭게 시작되는 싹이 나고 뿌리가 뻗어나갔다면,
4단계에서는 꽃을 피우고 열매를 맺을 수 있도록 줄기가 자라는 단계다.

4단계를 접할 때 먼저 눈에 들어오는 단어가 두려움이다. 자신에 대한 도덕적 검토를 하는 데 두려움이 없도록 해야 한다는 의미로 다가온다. 그래서 환우들과 4단계를 함께 읽던 초창기에는 용기를 내서 두려워하지 말고 4단계를 수행해야 한다고 그들을 격려했다.

그런데 읽고 또 읽고, 그리고 또 읽으면서 의문이 생기기 시작했다. 왜 저자들은 ‘두려움 없이fearless’라고 썼을까? ‘열심히’ ‘솔직하게’ ‘빠짐없이’ 등 다양한 부사들이 있는데 왜 굳이 ‘두려움 없이’라는 표현을 여기에 붙였을까? 또는 ‘두려움 없이’ 등의 수

식어가 없다면 어떨까 하는 궁금증이 들었다. 그리고 다음과 같은 결론을 내릴 수밖에 없었다. '이 과정은 정말로 두려움의 과정이구나. 두려워할 수밖에 없는 과정이기에 두려워하지 말고 헤쳐나가자고 굳이 여기에 써 넣을 수밖에 없었구나.'

우리는 1단계에서 우리가 스스로의 삶을 수습할 수 없게 되었다는 것을 시인했다. 이렇게 인정할 수밖에 없는 현실에 처할 때까지 우리가 저지른 만행을 속속들이 되돌아보는 것은 결코 쉽지 않을 것이다. 얼마 전 군의관으로 일하는 동료 정신과 의사의 이야기를 들은 적이 있다. 포로 체험 과정중에 발생한 피해자의 심리적 증상을 상담하는 과정에서 당시 상황을 담은 CCTV를 보게 되었는데, 너무 끔찍해서 몇 분 보지 못하고 화면을 꺼버렸다는 것이다. 녹화된 영상을 되돌려보는 것은 당시의 정황을 이해하는 데 필수적인 과정일 것이다. 그러나 그 일은 제3자라고 할 수 있는 정신과 군의관의 입장에서도 결코 쉽지 않았다. 그러한 과거의 사고가 현재 자신의 아픔과 연결되어 있는 사람이라면 그 일을 떠올리는 것은 더욱 힘들 것이다.

4단계까지 도달한 회복자라면 자신의 음주 문제를 시인하는 것을 어느 정도는 당연한 것으로 받아들이고 있을 것이다. '그래, 내가 술을 좀 많이 마시기는 했어.'를 받아들이는 것은 알코올중독은 치료받아야 할 질병임을 인정한다는 면에서 조금은 홀가분하게 수용할 수도 있다. 하지만 과도한 음주로 인해 내가 자신과 가족, 직장 동료나 주변 사람들에게 저질렀던 자신의 모든 과오에 대해서 하나하나 떠올리고 그 내용을 도덕적으로 검토한다는 것은 스스로의 자존감을 위협하고 수치심을 자극한다. 그래서 피할 수만 있다면 피하고 싶고, 사실은 두렵다.

단순히 술을 많이 자주 마셨고, 그 때문에 다음 날 좀 힘든 적이 있었다는 식의 후회를 하는 것이 아니다. 가슴을 후벼 파내야 할 것 같이 고통스럽고 숨이 끊어지는 그날까지 숨겨야만 할 것 같은, 흉측하고 비밀스러운 치부를 드러내야 하는 것이다. 어찌 그 과정이 두렵지 않겠는가?

하지만 아무리 두렵고 어렵더라도 결국은 맞서야 한다. 과연 자신이 어떠한 잘못을 저질렀는지, 그 때문에 사랑하는 가족과 동료들은 얼마나 마음 아파했는지, 나 자신에게 준 상처는 얼마나 깊은 것인지 반드시 확인해야 한다. 아무리 가슴이 미어지듯 아플지라도 내가 저지른 만행을 두 눈 똑바로 부릅뜨고 쳐다보아야 한다. 그 이유는 자명하다. 다시는 똑같은 실수를 반복하지 않기 위해서, 그리고 나로 인해서 소중한 가족과 동료는 물론, 자신이 다시는 같은 아픔을 겪지 않기 위해서, 결국 12단계를 통해 내가 이루고 싶은 참다운 변화를 내 것으로 만들기 위해서다.

중독자가 회복에 다다르지 못하는 이유는 세상에 '회복'이 없기 때문이 아니다. 그들에게 능력이 없어서도 아니다. 그저 목표가 너무 멀어 보이기 때문이다. 목적지는 보이지 않고, 어떤 길이 옳은 길인지도 중간에 헷갈려 혼란에 빠진다. 그리고 곳곳에 존재하는 위험은 우리를 망설이게 한다. 그래서 그 길이 한없이 멀고, 외롭고, 고되게만 느껴지는 것이다. 그렇다고 주저앉아만 있으면 이 고통에서 벗어날 방법은 없다. 더 외롭고 힘들 뿐이다. 그저 일어서서 한 걸음씩 앞으로 나아가는 것이 유일한 탈출방법이다. 보잘것없어 보이는 시작일 수 있다. 대기업에서 부장 직급까지 맡고 있다가 퇴직한 분이 있었다. 망가질 대로 망가졌다가 정신을 차리고 일어서려니 자신을 찾는 사람이 없었다. 실은 무언가를 할 수 있다는 자신감 또한 당시에는 스스로에게 없었다. 자격증 취득을 위해 몇 번이고 시험을 보았고, 몇 년이 걸리기는 했어도 의미 있는 성과를 거두었다. 그리고 지금은 직업상담사로 새로운 일을 찾았다. 계약직에 연봉도 보잘것없지만, 매일 아침 출근하는 재미가 쏠쏠하다며 행복해한다.

4단계는 12단계의 줄기와도 같다. 1~3단계를 통해 삶이 새롭게 시작되는 싹이 나고 뿌리가 뻗어나갔다면, 4단계서는 꽃을 피우고 열매를 맺을 수 있도록 줄기가 자라는 단계다. 그 줄기가 제대로 자라지 못하면 나무는 결국 덧없이 죽고 말 것이다. 비바람과 추위도 꿋꿋하게 버텨낼 나무로 자라는 데는 제대로 된 줄기가 없어서는 안 된다.

중독자가 회복하는 데 단순히 참을성을 기르는 것만으로는 되지 않는다. 여기까지 읽어온 독자들은 깨달았겠지만, 12단계는 단순히 술을 끊기 위한 교본이 아니다. 나의 삶이 보다 의미 있어질 수 있도록 내 가치관과 행동을 바꾸어나가는 작업이다. 그 과정을 어떤 이들은 '전반적인 삶의 개조'라고 표현할 수도 있고, 좀 더 그럴듯하게 '영성의 변화'라고 할 수도 있을 것이다. 어떠한 용어라도 좋지만 분명한 것은 우리가 가야 할 길은 생각보다 만만치 않다는 것이다. 분명히 무섭고 두려운, 아직은 한 번도 가보지 못한 길이다. 하지만 두려움을 떨치고 용기를 내어 그 길을 걸어가야 한다. 다른 길은 없다.

풍파 없는 삶은 얼마나 단조로운가?

고난이 심할수록 내 가슴은 뛴다.

- 니체 -

병적 본능

중독자로서의 그들의 태도와 생각이 바로 '중독 질환'이라는 문제의 핵심이다. 즉 다른 말로 '병적 본능'이라고 해서, 4단계에 기술되어 있는 '욕망'이 '중독 질환'의 가장 큰 특징이다.

'중독 질환'이라는 것이 어떠한 병일까? 지난 수십 년 동안 정신과 의사들은 이 질문에 대해 묻고 또 물었다. 처음에는 중독 질환을 성격의 문제로 생각했다. 그래서 정신과 진단 분류에서 성격장애(혹은 인격장애)에 포함시켜서 질병을 설명했다. 이후 중독 질환을 충동 조절의 문제로 바라본 적도 있었고, 강박적 습관으로 설명하는 경우도 있었다. 최근에는 금단 및 내성 등 신체적 의존 증상과 함께 갈망이라는 증상이 두드러지는 중독 질환의 특징을 보다 강조하는 추세다.

하지만 알코올중독자들과 함께 생활하면서 그들의 살아온 과정을 들여다보면 이렇게 정신의학적으로 중독 질환을 정의하는 것과는 달리, 삶에 대한 중독자로서의 그들의 태도와 생각이 바로 중독 질환이라는 문제의 핵심이라는 생각이 든다. 즉 '병적 본능'이라고 4단계에 기술되어 있는 욕망이 중독 질환의 가장 큰 특징이 아닐까?

모든 동물에게는 뇌의 깊숙한 곳에 '보상회로'라는 특수한 구조물이 있다. 진화해오면서도 없어지지 않고 어쩌면 오히려 더 섬세하게 발달한 기관이다.

만일 우리가 아침부터 오후 늦게까지 일하느라 한 끼의 식사도 하지 못했다고 가정해보자. 그런 상태에서 저녁이 다 될 무렵에 김치찌개와 김 몇 장, 그리고 쌀밥 한 공기를 겨우 먹게 되었다. 특별할 것 없는 음식이지만, 두 끼니나 제때에 챙겨먹지 못한 상태에서 이 음식들을 접한다면 너나 할 것 없이 허겁지겁 먹으며 밥이 정말 꿀맛이라고 이야기할 것이다. 평범한 음식을 꿀맛으로 느끼게 해주는 역할을 바로 '보상회로'가 한다. 목이 마를 때 물을 마시고 느끼는 청량감, 추운 겨울날 아랫목에서 느끼는 포근한 안도감, 남이었던 누군가가 애인이 되었을 때 느끼는 사랑스러움과 같은 것들이 보상회로가 우리의 생각·행동·감정을 변화시키는 상황이다.

이 보상회로는 소소한 일상의 자극에 의미를 부여해 그 행동이 반복될 수 있도록 만든다. 배가 고프면 끼니를 챙겨 먹어야 하고, 목이 마르면 물을 마셔야 한다. 추울 때는 따스한 곳을 찾아야 하고, 이성과 함께 가족을 이루고 자손을 낳아야 한다. 그런데 이 보상회로에 약점이 있다. 소소한 자극이 아니라 강렬한 자극을 맛보면 더이상 소소한 자극에 따른 '보상' 반응이 신통치 않게 느껴진다는 점이다. 더 강렬한 자극이 아니면 보상회로는 만족하지 않는다. 욕심의 그릇이 점점 더 커져가는 것이다.

작은 그릇은 쉽게 채울 수 있지만, 그릇의 크기가 커질수록 훨씬 더 강한 자극으로만 욕망의 그릇을 채울 수 있다. 또다시 더 많은 양으로 그릇을 채우고 나면 그릇은 더 커져버린다. 더이상 소소한 일상의 자극으로는 행복을 느낄 수 없게 된다.

알코올중독의 문제는 술을 많이 자주 마시는 문제로 생각되고는 하지만, 실은 그보다 더 큰 범위의 삶의 문제이고 인생의 문제다. 욕망의 그릇이 커져버려서 생기는 문제다. 이는 술만이 아니라 성적 욕망, 물질적 욕망, 감정적 안정에 대한 욕망, 그리고 사회적 지위에 대한 욕망으로 확대되어 결국은 우리의 삶을 지배한다.

노벨문학상을 수상한 모리스 마테를링크Maurice Maeterlinck가 쓴 『파랑새L'Oiseau Bleu』라는 동화가 있다. 치르치르와 미치르라는 남매가 행복을 주는 파랑새를 찾기 위해 세상 여기저기를 돌아다니지만 찾지 못하고 집으로 돌아왔는데, 결국 그 파랑새가 자기 집에 있더라는 내용이다. 중독에 빠진 사람은 이처럼 더 크고 멋진 파랑새를 찾아 세상을 헤매고 돌아다니는 사람에 비유할 수 있다.

지금도 기억나는 한 환자가 있다. 학교 선생님이었던 그 환자는 반복된 음주 문제로 학교생활은 물론 가정생활까지 거의 파탄에 이르러 병원에 입원했다. 그리고 자신의 문제를 발견하고 이를 해결할 준비가 된 이후에 퇴원했다. 그리고 수개월이 흘러 어느 날, 외래방문한 그 환자가 "선생님, 요즘 참 살 맛 납니다."라고 하기에 "뭐가 그리 좋습니까?"라고 물으니, "학교 마치고 퇴근하면 집사람과 둘이 손 잡고 뚝방 길을 걷습니다. 그러고는 살아가는 이야기나 애들 이야기를 하면서 집에 돌아옵니다. 예전에는 상상도 못 했던 일입니다. 그래서 좋습니다."라고 대답했다. "알코올중독자가 아닌 많은 사람들이 그저 매일 하는 일입니다."라고 말했더니, 그 환자가 "그러게요."라고 답했다.

중독자가 회복되는 과정은 지구상에 없던 무언가 대단한 것을 새롭게 발명해야 하는 것이 아니다. 그저 남들이 당연히 하고 있고, 나도 겪는 일상을 보다 의미 있고 소중하게 느낄 수 있도록 욕망의 그릇을 줄이는 일이다. 큼지막하고 멋진 파랑새를 찾아 헤매던 우리를 원래 있던 그 자리로 가게 해, 다시 돌아오기만을 기다리고 있는 행복의 파랑새를 발견하게 하는 일이다. 그 파랑새는 결코 화려하지 않지만, 우리의 입가에 행복한 미소가 끊이지 않도록 할 것이다.

내면이 이끄는 것을 따르지 않으면,
활기가 없고 힘이 빠지며 영적 죽음을 느끼게 된다.

- 삭티 거웨인 -

'자신에 대한'

•
•
●

지금 4단계를 읽고 묵상하면서
'내가 과연 어디까지 도덕적 검토를 해야 하지?'라는 의문이 들고 있다면,
냉정하게 자신을 돌아봐야 한다. 내가 왜 주저하고 있는가?

알코올 병동에서 근무하는 중에 어쩔 수 없이 해야 하는 일이 있다. 바로 입원을 원하지 않는 환자를 어쩔 수 없이 입원시켜야 하는 경우다. 사실 우리나라에서 병원에 입원하는 알코올의존 환자의 대부분은 여전히 비자발적으로 입원한다. 과도한 음주로 인해 신체적인 문제가 악화되고, 가족에 대한 폭력이 반복되고, 직업도 유지하지 못하는 지경이면서도 술만 계속 찾는 상태이기 때문에 어쩔 수 없이 가족은 비자발적인 입원을 선택한다.

대부분의 보호자들은 비자발적 입원을 결정하면서 어떠한 방법을 동원해 입원시킬지를 걱정한다. 하지만 치료진 입장에서는

어떻게 치료과정을 수행하고 퇴원시킬지가 걱정이다. 환자들은 입원하고 나서 초기 며칠간은 낯선 환경에 대한 불안감과 더불어 입원시킨 보호자에 대한 원망과 분노에 가득 차 있다. 보호자 입장에서 환자를 이렇게 입원시킬 수밖에 없었다는 자신의 문제에 대한 성찰보다는 보호자가 마음 편하려고 자신을 답답한 공간에 가두어버렸다는 원망에만 집중한다. 하지만 이런 상태에서는 치료가 진행될 수 없고, 궁극적으로 퇴원을 위한 준비도 이루어질 수 없다. 그래서 병원의 초기 서비스로는 환자가 보살핌을 받고 있다고 안심할 수 있도록 따뜻하게 돌보아주는 것과 함께, 입원 직전까지 지속된 자신의 음주 문제를 되돌아볼 수 있도록 하는 것이 가장 시급하다. 입원한 이유를 환자가 이해해야만 새로운 삶을 준비할 이유가 생기고, 치료중에 다듬어서 퇴원한 뒤 온전한 생활을 시작할 수 있기 때문이다.

자신을 되돌아보는 과정이 원활하게 진행될수록 대부분의 환자들은 자신에게 스며들어 있던 다양한 문제들에 놀란다. 비단 음주와 연관되어 저지른 사건들뿐 아니라 감정을 조절하지 못하는 문제들, 지나친 욕망, 권위적인 본능, 허영심, 핑계를 대는 습관, 두려움, 좌절, 자신이나 사회에 대한 비관적인 태도 등 정말 다양한 문제들이 자신에게 있었음을 알아차린다.

하지만 불행하게도 대다수의 환자들은 자신의 문제를 받아들이는 과정이 쉽지 않다. 환자들은 크게 2가지 모습으로 반응한다. 우선 한 부류는 '내게 문제가 좀 있기는 했지만 전부 열심히 살려다 보니까 일어난 일일 뿐이야. 그런 내게 도덕적 검토라는 말로 지금까지의 내 삶을 송두리째 문제가 있었던 것처럼 치부하면 곤란하지.'라는 부류다. 또 다른 부류는 '그래, 내가 죽일 놈이다. 이제 다 끝났다. 내게 너무 문제가 많아서 이제는 되돌릴 수도 없다. 이제 와서 도덕적 검토를 해서 뭐하냐.'라고 반응하는 부류다. 이 두 부류는 완전히 상반된 것처럼 보이지만, 사실은 두 부류 모두 반응은 동일하다. '도덕적 검토'를 하기 싫은 것이다. '나는 잘났으니까 할 필요 없어.' 혹은 '난 다 끝났으니까 할 필요 없어.'의 두 모습에서 나는 '검토'를 피하고 싶은 비겁한 중독자일 뿐인 것이다.

만일 지금 4단계를 읽고 묵상하면서 '내가 과연 어디까지 도덕적 검토를 해야 하지?'라는 의문이 들고 있다면, 냉정하게 자신을 돌아봐야 한다. 내가 왜 주저하고 있는가?

나는 가톨릭 신자다. 그래서 가끔 고해소에서 신부님께 자신의 죄에 대해 고백하고 반성하는 시간을 보낸다. 그럴 때마다 나 또한 자신 혹은 하느님과 자주 타협했다. '이 문제는 맨날 이야기했어. 또 굳이 고백할 필요 있겠어?' '이 문제는 아무리 자세히 이야기해도 신부님이 이해하실 수 없을 거야. 간단히 줄여서 대충 말씀드리자.'라고 생각하지만 그렇게 고백하고 나면 집으로 돌아갈 때 반드시 찝찝한 느낌이 든다.

우리 알코올중독자들이 A.A. 모임에 참석한다면 경험담을 이야기할 때가 있을 것이다. 경우에 따라서는 다음의 5단계를 진행하면서 자신의 문제를 누군가에게 털어놓게 된다. 그 상황에서의 정답은 결국 자신의 문제를 빠짐없이 철저하게 인정하고 시인하는 것뿐이다. 그 과정은 단 한 번의 검토로 완성될 수 없다. 12단계에서 각 단계는 어느 한 순간 완성되는 과업이 아니다. 언젠가 완성될 그날을 위해 반복해서 준비하는 과정이다. 지금의 내가 할 수 있는 도덕적 검토는 미완성일 것이다. 다만 미완성임을 잊지 않고 노력해 나아갈 뿐이다.

잘못은 저지르는 것보다 변명하는 것이 더 나쁘다.

- 조지 워싱턴 -

최초의 열매

12단계 중 4단계에서 처음으로 열매에 대한 이야기를 한다.
술을 끊는 이유는 바로 이런 열매를 맺기 위해서다.
다른 누구를 위한 열매가 아닌 바로 나 자신을 위한 소중한 열매다.

술은 왜, 누구를 위해 끊는 것일까? 대부분의 환자들은 병원에 자발적으로 온 것이 아니다. 어쩔 수 없이 등 떠밀려서, 아니면 자신도 모르는 사이에 강제로 가족들에 의해 병원에 온다. 그런 환자들이 치료과정에 동의하고 술을 끊자는 말을 받아들인다면, 그 이유는 대부분 가족들의 압력 때문일 것이다. 즉 '나는 술 끊을 생각은 없지만, 가족이 하라니까 어쩔 수 없이 해보겠다.'라는 생각이 지배적이다.

중독자들에게 배우자의 얼굴을 그려보라고 한 적이 있었다. 놀라운 것은 어느 누구도 제대로 그려내지 못했다는 것이다. 그림

솜씨의 문제가 아니다. 심지어 부인이 안경을 쓰고 있는지 아닌지도 잘 기억하지 못했다. 이유를 물어보니 제대로 부인 얼굴을 쳐다본 적이 언제인지 잘 모르겠다고 했다. 차마 얼굴을 들고 부인에게 마주서지 못했던 것이다. 술 취한 상태에서 폭언을 일삼고, 간혹 폭력까지 행사했던 그 부인이었지만, 사실은 미안함과 죄책감에 제대로 쳐다본 적이 별로 없었던 것이다.

술을 끊고 외래를 다니는 환자들에게 술을 끊으면 어떤 장점이 있는지 물어보면, 답이 다양하게 나오지만 공통적으로 하는 답변은 바로 '떳떳하다.'이다. 더이상 술 때문에 거짓말을 하지 않아도 되고 숨어서 술을 마시지 않아도 된다는 것이다. 그동안 남몰래 술을 마시느라 마음고생했던 것을 더이상은 하지 않아도 되니 말이다.

그러나 술을 마시지 않는다고 해서 당장 마음이 편해지는 것은 아니다. 어느 기간 동안 술을 마시지 않았다고 해서 진정으로 떳떳해질 수 있는 것도 아니다. 반드시 수반되어야 하는 것은 술과 연관되어 주변 사람들과 자신에게 해왔던 그동안의 실수 혹은 잘못들에 대한 정리와 고백이다. 용서와 화해는 이런 과정을 통해 가능해진다. 술을 마시지 않는 단주의 삶을 넘어서는 온전한 삶을 살고자 한다면, 이는 반드시 넘어가야 하는 고개다. 그 고개를 넘어서기란 쉽지 않다. 어떤 사람들은 용서와 화해의 과정이 필요없다고 치부하고, 또 어떤 사람들은 자신이 없다며 포기한다. 완전히 상반된 두 모습 같지만, 사실은 양쪽 모두 이 난관을 극복할 용기가 없는 것이다.

그런데 의외인 것은 상당수의 알코올중독자들이 자신을 피해자라고 생각하는 경우가 적지 않다는 점이다. 그동안 힘들게 살아왔던 역경들을 억울해하고, 술을 마시게 된 상황을 만든 주변 사람들을 원망하고, 이렇게 입원 치료를 받게 만드는 가족들을 괘씸해한다. 용서는 내가 받아야 하는 것이 아니라, 상대방의 잘못을 용서해주어야 하는 것이 아닌가 하는 혼란 속에 있다.

중독자들은 고통스러운 삶을 살았고, 심각한 스트레스 상황이 반복되었을 수도 있다. 어쩌면 부모님의 알코올 문제로 어린 시절부터 상처를 받았을 수도 있으며, 유전적인 배경이 있었을 수도 있다. 하지만 어떠한 상황에서도 가장 중요한 것은 이러한 문제를 대처하는 우리의 자세이며, 우리의 선택은 술이었다. 술을 마시는 이유는 항상 바깥에 있었다. 그리고 우리는 술을 마실 수밖에 없는 피해자였다. 다른 사람의 입장에서 보면 우리의 모습은 말도 안 되는 모순 덩어리였지만, 정작 스스로는 이런 생각의 굴레에서 벗어나지 못했다. 그리고 4단계를 읽고 있는 아직도 이러한 억울함을 벗어내기가 힘든 것이다.

사실 억울함의 대부분은 스스로 만든 것이다. 내가 겪었던 사실과 억울한 정도는 결코 같지 않다. 항상 내 입장에서 보면 억울한 일투성이지만, 객관적인 평가는 그렇지 않다. 대부분 과거에 지나간 일들에 억울함이라는 색깔을 입혀서 고통스러워하고, 술을 마시기 위한 핑계로 두고두고 우려먹었던 것이다. 쉽지 않은 일이고 그 또한 억울할 수 있겠지만, 결국 마음 깊숙이 억울하다고 담아두었던 것을 털어내는 과정이 필요하다. 만일 이 문제가 해결되지 않는다면, 앞으로도 또 술을 마시고 항상 똑같은 레퍼토리로 다른 사람을 괴롭힐 것이다.

도박중독자들이 처음 치료를 받으러 오는 이유는 대부분 빚을 다 갚아주는 조건으로 치료를 받는 경우다. 상식적으로는 그동안의 도박 빚을 전부 다 고백하고 털어놓아야 시원하게 해결되어 좋을 텐데, 대부분의 도박중독자들은 빚을 갚아준다고 해도 자신의 빚을 솔직하게 다 이야기하지 않고 최소 몇백만 원 혹은 몇십만 원의 빚을 남겨 놓는다. 빚이 조금이라도 있어야 또 도박장에 가는 자신을 합리화할 수 있기 때문이다. 그리고 이런 미련이 결국 재발을 야기한다.

12단계 중 4단계에서 처음으로 열매에 대한 이야기를 한다. 그리고 그 열매는 후련함이라고 했다. 더이상 거짓된 삶을 살지 않아도 돼서 후련하고, 그동안의 미안함을 덜어내니 후련하다. 그리고 가슴 속 깊숙이 숨겨둔 억울했던 기억을 털어낼 수 있어 후련하다. 더이상 쓸데없는 미련을 가지고 재발의 위험성에 마음 졸이지 않아도 되니 후련하다.

술을 끊는 이유는 바로 이런 열매를 맺기 위해서다. 다른 누구를 위한 열매가 아닌 바로 나 자신을 위한 소중한 열매다.

잘못은 저지르는 것보다 변명하는 것이 더 나쁘다.

- 조지 워싱턴 -

자신의 문제를 인정하고 받아들이면서 정직은 기본 조건이다. 그럼에도 불구하고 우리는 스스로를 기만하고, 문제를 축소시키는 데 익숙하다. 부끄러운 과거 중 일부만을 마지못해 인정하는 구습舊習에서 벗어나기 위해서는 도덕적 검토를 통해 깨달은 문제의 본질을 다른 누구에게 정직하게 고백해야 한다.

5단계

—

정직한 고백

"우리의 잘못에 대한 정확한 본질을 신과 자신에게, 그리고 다른 어떤 사람에게 시인했다."

'정확한 본질'

•
•
•

우리 문제의 '정확한 본질'은 무엇인가?
술을 많이 마시는 데 문제를 찾는 것이 아니라,
술을 자꾸 마시고 있는 우리의 본질적인 문제를 찾아야 하는 것이다.

우리는 1단계에서 알코올에 무력했다고 인정했으며, 삶을 수습할 수 없게 되었다고 인정했다. 알코올중독자에게 1단계는 모든 것을 시작하는 의미 있는 첫 걸음이었다. 처음에는 자신이 가지고 있는 음주 문제의 심각성을 인정하는 것이 무척이나 어렵고 힘든 작업이었다. 그러나 막상 한 번 인정하고 나니 그 이후의 과정은 너무도 자연스럽다. 사실 중독자들은 자신이 술 때문에 문제가 있다는 것을 이미 알고 있었다. 이 지긋지긋한 술을 끊고도 싶었다. 혼자서는 자신 없어서 가족들과 약속을 한 적도 많았다. 물론 지키지는 못했지만 말이다.

4단계에 와서는 도덕적 검토를 주문받았다. 이제까지 음주 문제에 국한해서 우리의 삶을 바라보았는데, 4단계부터는 우리의 문제를 음주와 연관된 것 이외에 도덕적 관점에서 철저하고 두려움 없이 검토하라는 것이다.

그런데 후련함이라는 첫 번째 열매를 어설프게나마 맛본 우리에게 5단계에서 주문받은 것은 '잘못에 대한 정확한 본질'을 파악하라는 것이다. 그럼 지금까지 우리가 음주와 연관된 불화·갈등·사고·실수 등을 검토하고 살펴본 것은 우리의 잘못에 대한 '정확한 본질'이 아니란 말인가? 그러면 정작 내가 가지고 있는 문제가 '술' 문제가 아니란 말인가?

음주운전으로 운전면허가 취소된 사람을 예로 들어보자. 언뜻 보면 그 사람의 문제는 술을 마시고 운전하다가 단속되어 면허가 취소되고 벌금을 물게 된 상황일 것이다. 법적으로 금지된 음주운전으로 단속되고, 이로 인해 금전적인 손해를 가족에게 끼친 것이 우선 떠오를 것이다. 혹시 그 사람이 운전으로 생계해야 하는 사람이라면, 직업을 유지하기 어려워 직장이나 가족에게 미친 손해가 그다음으로 떠오를 것이다. 그러면서 속으로는 억울하다. 매일 술 마시고 운전한 것도 아니고, 정말 어쩌다가 한 번 운전대를 잡은 것이 단속으로 이어지다니, 자기 자신과 자신을 단속한 경찰에게 화가 날 수도 있다. 차도 많이 안 다니고, 인적도 드문 이면도로까지 와서 굳이 단속할 이유는 뭔가? 이 길을 자주 지나다녀도 단속하지 않는 날이 많았는데, 왜 하필 그날 단속을 했는가. 술을 그리 많이 마신 것도 아니었는데, 좀 봐줄 수도 있는 것을 그리 빡빡하게 굴며 입건해버린 사법 당국의 처사에도 화가 난다.

하지만 생각이 이렇게까지 미친다면, 이 사람의 문제는 음주운전으로 단속된 것이 아니다. 어쩌면 음주운전이 아닐 수도 있고, 음주라는 행위도 근본적인 문제가 아닐 수 있다. 정말로 핵심적이고 가장 기본이 되는 문제는 자신이 저지른 음주운전이라는 불법적인 행위보다 앞서, 자신을 단속한 경찰이나 봐주지 않은 검사에 대해 원망만 하고 있는 그 사람의 태도다. 운이 없었을 따름이라고 자신의 불운을 탓하는 어리석음이 문제다.

술자리를 마무리하고 집으로 갈 때, 함께했던 동료들이 음주운전을 말렸었다. 회식이 있다고 집에 전화했을 때, 또다시 음주운전은 제발 하지 말라는 부인의 당부를 무시했다. 자신의 귀갓길에 어느 위치에서 어느 시간에 음주단속을 하는지 이미 다 알고 있다며 자신의 교만에 기고만장했었다. 딸이 다시 전화했을 때 대리기사를 불렀다고 거짓말을 했다. 그리고 자신은 웬만큼 술을 마셔도 남들보다 운전실력이 훨씬 뛰어나다고 자만했다. 자신이 운전하는 차는 자신이 아무리 술을 마셔도 사고 날 리 없다고 가벼이 생각했다.

우리나라 사람들 모두가 전혀 음주운전을 하지 않는다면 굳이 음주단속을 매일같이 할 필요가 있을까? 음주단속을 위해서 경찰들은 야밤에 위험을 무릅쓰고 비가 오나 눈이 오나 길거리에서 몇 시간이고 근무한다. 만약 누군가 도주하거나 폭력적으로 돌변하기라도 하면 사고의 위험에도 더 큰 사고를 예방하기 위해 자신의 몸을 아끼지 않는다. 하지만 매일 음주운전자는 단속되며, 우리나라 어딘가에서는 음주단속을 위해 경찰들이 오늘 밤도 근무하고 있다. 경찰들을 위험에 노출시키는 이유는 바로 잠재적인 음주운전자가 오늘도 있기 때문이며, 우리 모두에게 그 책임이 있다.

오늘도 우리는 자신이 이렇게 자기중심적이었다는 사실에 새롭게 놀란다. 그리고 우리가 가지고 있던 문제가 단순한 음주가 아닌 다른 어떤 것과 관련되어 있다는 사실에 또 한 번 놀란다. 이것을 우리 문제의 '정확한 본질'이라고 했다. 술을 많이 마셔서 문제가 아니라, 술을 자꾸 마시고 있는 우리의 본질적인 문제를 찾아야 하는 것이다. 그래서 "술만 마시지 않으면 되잖아."라며 온전한 삶으로의 변화를 거부하는 모습을 탈피하고 우리 문제의 정확한 본질에 가까이 갈 수 있도록 노력해야 한다. 다행히 많은 연구 결과에 의하면 술로 인한 변화는 대부분 원상복귀가 가능하다고 한다. 심지어 뇌의 손상마저도 단주를 지속하면 상당 부분 기능이 회복된다고 한다. 아, 그래서 '본정신'이로구나!

그 사람을 처음 봤을 때 그의 결점이 딱 보이는 건,
그리고 그의 결점이 두고두고 나를 괴롭히는 건,
내 안에도 똑같은 결점이 존재하기 때문입니다.

- 『멈추면, 비로소 보이는 것들』 (혜민 지음) 中 -

겸손이라는 이득

외로움에서 벗어나는 길은 술이 아니라 소통이다.
사회로 한 걸음 한 걸음 내딛어야 한다.
겸손은 세상과의 소통을 우리에게 선물해줄 것이다.

12단계 프로그램에서 가장 기초가 되는 것 중 하나가 겸손謙遜이다. 알코올의존은 참으로 오묘한 질병이다. 일반적으로 병이란 치료받아 완치하는 것이 목표이고, 병으로부터 자유로워지는 길은 내 몸에서 병이 없어지는 것인데 알코올의존은 그렇지 않다.

알코올은 우리 사회의 많은 사람들이 흔히 즐기는 기호품이다. 하지만 음주에 대한 자제력을 잃어버린 알코올중독자들에게는 더이상 기호품이 될 수 없다. 적절히 음주하다가 어느 수준이 되면 음주를 중단하는 데 장애가 생기는 병이 바로 알코올중독이다. 그러므로 알코올중독자들은 완전한 단주가 목표다. 나 자신이 알코올중독자인 상황에서는 이 목표가 유효하고 수용 가능하다. 그러나 알코올중독이라는 병을 완치했다고 스스로 생각하는 순간, 우리는 음주에 대한 자제력이 회복되었다고 선언한다. 즉 더이상 금주를 해야 하는 이유가 사라지는 것이다. 이는 재발을 의미한다. 보다 엄밀히 말한다면 스스로 알코올중독자가 아니라고 생각하는 때부터 이미 재발은 시작된 것이다. 그래서 내가 알코올중독으로부터 자유로워지는 유일한 방법은 나 자신이 알코올중독자임을 받아들이는 것이다. 술에 대한 겸손, 재발에 대한 겸손 없이는 알코올중독으로부터의 회복은 요원하다.

하지만 5단계에서 우리에게 이야기하는 겸손은 술에 대한 겸손만을 의미하지는 않는다. 그럼 무엇이 겸손일까? 어디까지 겸손해야 하는 것일까? 예의가 바르면 겸손한 것일까? 큰소리로 내 주장을 내세우지 않으면 겸손한 것일까? 흔히 겪는 일 중 하나로 입원 병동에서 심각한 음주 문제로 입원한 지 사흘 된 사람이 이제 간신히 금단증상에서 벗어나가고 있으면서도 아주 공손한 어투로 이렇게 말한다. “알코올중독이 얼마나 무서운 병인지 이제 알았습니다. 이제는 술을 끊을 자신이 있어요. 절대로 술을 안 마실 테니, 지금 당장 퇴원시켜주세요.” 이 사람은 자신의 문제를 어디까지 안다는 것일까? 그 문제로 고통받은 가족들의 아픔은 어디까지 이해하고 있는 것일까? 알코올중독이 재발 위험이 높은 무서운 질병이라는 것을 얼마나 마음 깊이 인식하고 있을까? 이러한 상황에서 무작정 퇴원을 요구하는 것이 얼마나 무모한 일인지 알기나 하는 것일까?

국어사전에서 겸손은 '남을 존중하고, 자기를 내세우지 않는 태도가 있음'이라고 설명하고 있다. 기본적으로 다른 사람에 대한 존중과 배려 없이 겸손은 성립할 수 없다. 알코올중독자에게 '다른 사람'은 누구일까? 우리와 많은 시간을 함께했고, 또 앞으로도 같이 살아가야 할 가족들이 가장 대표적인 '다른 사람'이다. 다시 말해 가족에 대한 존중과 배려가 겸손의 시작이다. 이 사람들은 자신의 음주 문제를 가장 가까이서 봐왔고, 자신의 음주 문제에 시달려왔으며, 나에 대한 걱정으로 잔소리를 해왔다. 음주 문제로 가장 많은 피해를 받아왔음에도, 여전히 내 곁을 떠나지 않고 주변에서 나를 염려하고 있다. 그들을 무시하고, 그들의 아픔을 외면하고, 나의 욕망을 채우기 위해 그들의 희생을 강요하는 한 우리 알코올중독자들은 겸손이라는 덕목에 도달하기는커녕 여전히 중독된 삶을 이어가기만 할 것이다.

겸손의 또 다른 대상은 '술' 그 자체다. 중국에서 고대 병법들을 모아 36개의 전술을 모은 것을 '삼십육계'라고 한다. 손자병법의 내용을 비롯해 삼국지의 내용까지 정리되어 있으며, 이 방법을 이용하면 절대로 전투에서 실패하지 않을 것이라고 한다. 그런데 그 중에서 가장 마지막 병법이 우리가 줄행랑으로 알고 있는 주위상走爲上이다. 승산이 없는 전투에서는 군대를 물려 적을 피하는 것이 최선이다. 술은 우리가 이길 수 없는 적군이다. 이기지 못할 전투는 하지 않아야 한다. 술과 맞서지 않는 마음가짐이 중독자에게는 또 하나의 중요한 겸손이다.

알코올중독으로부터 벗어나는 길은 단순히 술을 참고 마시지 않는 것이 아니다. 온전한 삶으로의 회복이 되지 않고서는 지금 당장의 음주 문제가 마치 없어진 것처럼 보일지라도 '회복'이라는 말을 사용할 수는 없다. '겸손'이라고 표현되는 다른 사람에 대한 존중과 배려가 배양되지 않는 한, 자신이나 그 사람의 가족은 알코올중독으로부터 자유로워질 수 없다. 이들이 바로 우리가 가장 겸손을 유지해야 할 바로 그 대상이다.

진정으로 그들에 대한 겸손에 도달하기 위해서는 지금까지 그들에게 저지른 자신의 잘못과 결점을 털어놓을 수 있어야 한다. 5단계에서 우리는 진정한 잘못에서 대해 '다른 어떤 사람'에게 고백하라고 요구한다. 그리고 그 '다른 어떤 사람'은 일반적으로 후원자·친구·상담가·성직자·의사를 떠올린다. 나 자신과 신(위대한 힘), 그리고 '다른 어떤 사람'으로 제3자를 떠올린다. 객관적으로 나의 문제를 들어주고 공감해줄 수 있는, 그래서 내가 가진 문제를 보다 명확히 들여다볼 수 있도록 도와주는 제3자에게 진정한 잘못이나 결점을 고백하는 것은 힘든 일인 만큼 우리에게 분명한 성찰의 기회를 준다. 하지만 내가 존중하고 배려해야 했던 바로 그 대상(가족이나 주변 사람)에게 그동안의 잘못이나 결점을 솔직히 인정할 수 있다면 그것이 최고의 겸손 아닐까?

겸손한 태도로 다른 사람을 대하면 진심이 전달되는 대화가 가능해지고, 비로소 소통이 가능해진다. 많은 알코올중독자들은 사회생활을 위해 어쩔 수 없이 술을 마신다고 변명하지만, 사실 그들은 대부분 혼자 술을 마셔왔다. 사회와 담을 쌓고, 자신이 쌓아 놓은 벽에 갇혀 술만이 자신을 이해하고 위로해준다며 처절한 외로움에 괴로워했다. 하지만 외로움에서 벗어나는 길은 술이 아니라 소통이다. 사회로 한 걸음 한 걸음 내딛어야 한다. 겸손은 우리에게 이 세상과의 소통을 선물해줄 것이다.

성공한 사람들은 입을 모아 말한다. 인간은 신이 아니라고.
작은 성공을 거두었든 큰 성공을 거두었든 간에 혼자만의 힘으로는
불가능하다. 자만에 빠져서 모든 걸 자신의 능력으로 돌리지 말고
알게 모르게 도와준 사람에게 감사할 줄 알아야 한다.

- 『나를 변화시키는 좋은 습관』 (한창욱 지음) 中 -

12단계가 주는 세 번째 선물, 정직

"그런 일반적인 대답 말구요. 12단계 프로그램을 통해
알코올중독자들이 술을 끊을 때 필요한 구체적인 방법을 말씀해주세요."
그럼 난 다시 단호하게 "정직과 겸손이라니까요."라고 답할 것이다.

알코올중독에 대해 잘 모르는 일반인이 나에게 이렇게 묻는다. "12단계가 알코올중독자의 치료에 상당히 도움이 된다고 들었습니다. 그럼 12단계 프로그램을 통해서 환자가 회복되는 과정에서 가장 중요한 것은 무엇입니까?" 그럼 나는 주저없이 "정직과 겸손입니다."라고 할 것이다. 어쩌면 그 사람은 나의 대답에 황당해하며 다시 질문할 것이다. "아니, 그런 일반적인 대답 말고요. 12단계 프로그램을 통해 알코올 중독자들이 술을 끊을 때 필요한 구체적인 방법을 말씀해주세요." 그럼 난 다시 단호하게 "정직과 겸손이라니까요."라고 답할 것이다.

중독에서 회복되는 데 정직이 가장 중요한 방법이라고 하니, 어떤 중독자는 이렇게 말한다. "원래 나는 막 살아왔습니다. 내가 원하는 것은 망설이거나 주저한 적이 없습니다. 술이 마시고 싶으면 그냥 마셨고, 화가 나면 화를 내는 게 원래 내 모습입니다. 누구 눈치 보고 사는 것은 딱 질색이고, 누가 내 사생활에 간섭하는 것도 너무 싫습니다. 앞으로도 내가 하고 싶은 대로 하고 살 것입니다. 이게 내가 생각하는 정직입니다. 그러니 선생님도 나에게 뭐라고 하지 마십시오."

정직正直이란 무엇일까? 사전적인 의미로는 '마음에 거짓이나 꾸밈이 없이 바르고 곧음'이다. 그런데 글자 하나 하나를 떼어보면 어떠한 글자로 되어 있는가? 바를 정正과 곧을 직直이다. 단순히 본능에 충실하고 꾸밈이 없는 상태가 아니라 '바른' 방향성을 '곧게' 꾸준히 이어가는 것이다. 정직에는 방향성이 있다. 그 방향은 탐욕의 본능이 아니라 '위대하신 힘(신)'이 우리에게 요구하는 올바른 방향이며, 우리 모두는 무엇이 옳은 것인지 알고 있다. 다만 그대로 살아나갈 용기가 없을 뿐이다.

정직하게 사는 것은 우리에게 커다란 부담을 준다. 사실 우리 모두는 거짓말을 밥 먹듯이 한다. 예전에 EBS에서 방영한 거짓말에 대한 다큐멘터리를 보면, 성인은 하루에 평균 3번 이상의 거짓말을 한다고 한다. 순간을 모면하기 위해서, 쓸데없는 오해를 불러일으키지 않기 위해서, 굳이 길게 설명하기가 번거로워서, 그냥 습관적으로 등등 우리가 거짓말을 하는 이유는 다양하다. 하지만 거짓말이 우리를 어떻게 만들어가는가? 치료 모임을 이끌어가시는 선생님이 질문하셨다. "도박 중독자는 언제 거짓말을 할까요?" 다들 머뭇거리며 이런 저런 대답을 하는데, 선생님의 답변은 "입 벌리면 합니다."였다.

우리 알코올중독자들은 어떤가? 어쩌면 우리 알코올중독자들도 거의 그 정도로 거짓말을 입에 달고 살지는 않았던가? 그래서 사실 미안한 마음에 가족의 얼굴을 제대로 쳐다보기 힘들었던 적은 없었던가? 혹은 미안한 마음 때문에 되려 더 큰소리로 화를 내고 자신의 부끄러운 감정을 잊으려 다시 술을 마셔버리지는 않았던가? 그래서 12단계에서는 '정직'을 우리가 노력해서 달성해야 할 숙제나 과업이라고 이야기하지 않는다. 오히려 5단계를 통해 우리가 얻은 이득이라고 한다. 도달하기 어렵고 힘겨운 목표가 아니라 5단계를 통해 우리가 받은 선물인 것이다. 우리의 진정한 잘못을 자기 자신과 신, 그리고 어느 누구에게 인정하는 그 과정에서 정직은 자연스럽게 삶에 임하는 나의 자세가 되며, 거리낌 없이 살 수 있는 나의 무기가 된다.

떳떳해지고 싶지 않은가? 당당해지고 싶지 않은가? 아버지로서, 혹은 남편으로서, 또는 부인으로서, 어머니로서, 부모로서 또는 자식으로서, 그리고 어울려 사는 사회인으로서 다시 일어서고 싶지 않은가? 그렇다면 더이상 고집부리거나 크게 소리치며 내가 잘났다고 우기지 말고, 자신의 진정한 잘못을 솔직하게 고백하는 일부터 시작해보자. 우선 나 자신에게, 그리고 신(위대하신 힘)에게, 그리고 또 다른 어떤 누구에게.

사람은 혼자 있을 때 정직하다. 혼자 있을 때 자기를 속이지는 못한다.
그리고 다른 사람이 있을 때는 남을 속이려고 한다.
그러나 좀더 깊이 생각한다면 그것은 남을 속이는 것이 아니라
자기 자신을 속이고 있다는 것을 알게 될 것이다.
- 랄프 에머슨 -

고백하는 습관

5단계의 고백은 스스로의 모습을 반복적으로 돌아보고 인정하며,
자신이 이러한 과정을 정직하게 했다는 것을 입증하기 위해
다른 어떤 사람에게 반드시 해야 하는 것이다.

12단계 프로그램은 각 단계에 맞추어 우리에게 요구하는 과업이 있다. 그리고 5단계에서는 용감한 고백을 요구한다. 12단계를 읽을 때, 결코 우리는 재미있는 소설책을 읽거나 마음 수양에 도움이 되는 교양서를 읽을 때처럼 그냥 고개를 끄덕이며 '참 좋은 이야기야.'라고 생각하며 읽으면 안 된다. 반드시 '쓰인 내용을 내 생활에 어떻게 반영할까?'라며 고민하고 실천해야만 한다.

우선 나 자신의 잘못을 시인하는 것부터 생각해보자. 과연 나는 내 잘못을 잘 가려서 시인하고 있는가? 어떠한 과정으로 이런 일들을 하고 있나?

우리가 가장 손쉽게 할 수 있는 자신에 대한 고백 방법은 일기를 쓰는 일이다. 초등학교 시절에 선생님께 검사를 받아야 한다는 압박감으로 하루하루 지겨운 일기를 써본 것도 이미 수십 년 전의 일이다. 한참 감수성이 예민하던 중고등학생 시절, 애틋한 감성을 비밀스럽게 조그마한 일기장에 써본 것도 이미 너무나 아득한 예전의 일이다. 하루하루 고단한 일상을 다람쥐 쳇바퀴 돌 듯 너무도 정신없이 살아내기에만 익숙해져버린 지금의 나에게, 다시 일기장을 손에 쥐고 하루를 되돌아본다는 것은 너무도 낯설 뿐이다. '일기 쓰는 것과 술 끊는 일이 무슨 관련이 있다고.'라는 푸념이 나오는 것은 어쩌면 당연한 일이다. 하지만 펜을 잡고 빈 공책을 마주하며 오늘 하루를 되돌아보는 것만큼 자신에게 냉정해질 수 있는 방법은 그리 많지 않다.

우리는 자신에게 관대하다. 옛말에 "남의 눈에 티끌은 봐도 내 눈에 들보는 못 본다."라는 말이 있다. 더욱이 알코올중독자들에 대한 여러 연구 결과에 따르면, 알코올중독자들은 다른 사람의 아픔이나 감정적 상처를 공감하는 능력이 떨어진다고 한다. 술 마시는 그들을 향해 잔소리할 수밖에 없는 가족이나 주변 사람들이 그들 때문에 얼마나 힘들어하는지 아무리 고민해보고 이해하려고 해봐도, 알코올중독자들은 그 마음을 헤아리는 능력이 부족하다. 그래서 펜을 잡고 하루를 되돌아보며 생각에 생각을 거듭하고, 자신의 잘못이나 결점을 고백하는 과정이 반드시 필요하다. 무슨 말을 써야 할지, 일기를 어떻게 써야 하는지 고민스럽더라도 그냥 써나가야 한다. 그러다보면 언젠가 자연스러워질 것이다.

잠시 시간이 날 때마다 자신에게 자꾸 말을 걸어보는 습관도 좋다. 거울을 보고 말을 걸어보아도 좋다. 술에 취해 있는 나와 이야기하기는 쉽지 않았으며, 술에 취한 나를 보고 있으면 경멸스러워지기까지 했다. 그래서 진정한 자신의 모습을 쳐다보는 일이 점점 더 힘들어졌다. 하지만 이제 술을 마시지 않는 자신의 모습과 자주 마주 서야 한다. 그리고 거울 속에 있는 자신에게 말을 걸어보고, 용기도 주고, 격려도 하고, 꾸짖기도 해야 한다.

신(위대하신 힘)에게 자신의 잘못을 고백하는 것 또한 노력해야 한다. 기도하는 형태도 좋고, 경우에 따라서는 허공에 대고 이야기를 해도 좋다. 신과의 대화에도 꾸준함이 필요하다. 신은 내가 원할 때 내가 듣고 싶은 대답을 해주는 존재가 아니다. 눈에 보이지 않는다고 대충 하거나 타성에 젖어 본인이 고백하고 싶은 부분까지만 한계를 정해두고 자신의 잘못을 시인하는 작업을 하는 경우도 흔히 있다. 하지만 단 한 발짝이라도 신에게 다가서려고 하는 노력 없이, 무의미하게 반복하는 시인은 공허한 메아리로밖에 느껴지지 않는다. 사실 신은 나의 모든 모습을 다 알고 있는 존재다. 우리는 생을 마감할 때, 신 앞에서 자신의 삶을 낱낱이 까발리게 될 것이다. 아무리 감추려고 해도 소용이 없다. 하지만 현실에서는 신의 눈을 속일 수 있을 것 같은 착각이 든다. 그래서 5단계에서 자신의 잘못에 대한 '정확한 본질'이라고 명시해 놓은 것이다.

신에게까지 한 고백을 왜 다른 사람에게 다시 해야만 할까? 다른 사람이 신보다 더욱 내 이야기를 듣고 용서해줄 수 있다는 확신이 있기 때문일까? 결코 그럴 리는 없다. 그 다른 사람의 반응 때문에 하는 고백이 아니다. 내 스스로가 제대로 돌아본, 신에게까지 속속들이 이야기한 그 고백이 정말로 정직했다는 것에 대한 증인이 필요하기 때문이다. 증인은 아무나 세울 수 없다. 사회적인 존재로서 인간은 항상 체면과 명분이 중요하다. 그래서 우리는 남에게 자신의 문제를 고백함으로써, 스스로 하고 있는 정직함의 진실함을 본다. 그 과정에서 자신의 가식적인 모습이 관찰된다면 여전히 정직함이 부족하다는 사실을 신은 당연히 아실 것이고, 나 또한 명확히 깨달을 것이다. 스스로 정말 정직하고 가감 없이 잘못의 정확한 본질을 꿰뚫고 있는지 입증하기 위해서 신에게까지 한 고백을 다른 어떤 사람에게 해야 하는 것이다.

5단계의 고백은 스스로의 모습을 반복해서 돌아보고 인정하며, 가장 정직한 모습으로 그 내용을 신에게 고하며, 그리고 자신이 이러한 과정을 정직하게 했다는 것을 입증하기 위해 다른 어떤 사람에게 반드시 해야 하는 것이다. 이 과정 또한 한 번에, 단시간에 이루어낼 수 없다. 언젠가 가능할 그 순간을 위해 지금은 계속 연습해나가야 한다.

발견은 준비된 사람이 맞닥뜨린 우연이다.

- 알버트 센트 드외르디 -

이전까지의 단계를 통해 검토와 고백으로 자신의 문제를 보다 포괄적으로 이해하게 되었다. 이제 더이상 유치한 핑계는 필요 없으며, 자신의 결정과 실행에 대한 책임감이 필요하다는 점을 각인했다. 자신의 약점 중 가장 취약한 부분은 여전히 자기 자신이다. 두려움을 떨치고 용기를 내어 뿌리 깊은 자신의 성격상 약점을 완전히 도려내야만 새 살이 돋는다.

6단계

—

완전한 준비

"신께서 이러한 모든 성격상 결점을 제거해주시도록 완전히 준비했다."

소년에서 어른으로

알코올중독자의 보호자들은 환자에 대해 이야기할 때
마치 물가에 내놓은 어린아이를 걱정하는 부모인 양 행동한다.
하지만 모든 것을 가족이 챙겨주어야 한다면 그것은 온전한 생활이 아니다.

입원한 환자의 누님과 면담했을 때의 이야기다. 환자는 마흔이 넘은 나이에도 아직 독립하지 못하고 누님의 그늘에서 살고 있었다. 환자는 면담중에 누님이 자신을 구박하고 무시한다며 늘 불만이었다. 하지만 그 누님이 환자를 지난 수년 동안 계속 거두어주고 있다는 것에 고마움을 표시한 적은 거의 없었다. 이따금 잔소리하는 누님에게 환자는 마치 가출로 협박하는 10대처럼 "내가 나가면 되잖아!"라고 맞서기 일쑤였다. 그러면서 "나 독립할 테니 장가보내줘."라고 대학생을 둘이나 뒷바라지하는 누님께 생떼까지 쓰곤 했다.

또 다른 환자는 이미 결혼도 한 쉰도 훨씬 넘은 가장이었다. 칠순이 넘으신 아버지가 여전히 사업체를 운영하시며 집안을 꾸리시는데, 아들에게 사업체를 맡기고 싶지만 여태껏 제대로 자기 일을 해내는 모습을 보지 못한지라, 사업체 실무는 며느리에게 맡기고 있었다. 차라리 자기가 좋아하는 취미를 살려 사업해보라며 아버지가 노래방을 차려준 적도 있었고, 낚시 가게도 차려줬다. 하지만 여전히 자기 앞가림도 못하고 지내왔다.

최근에는 오히려 카지노에서 수천만 원을 탕진하고 와서 아버지가 그 빚을 갚아주기까지 했다. 벌써 몇 번째인지도 모르겠다고 했다. 사실은 여자 문제도 있는 것 같지만 부인 입장에서 그 문제까지 건드리면 결혼 상태를 유지할 수 없을 것 같아서 그냥 모른 척하고 지내고 있었단다. 그런데 환자는 부모가 전혀 모를 것이라고 착각하며 비행을 저지르는 철없는 사춘기 아이처럼 행동한다.

술을 마시면 참 편한 것이 있다. 많이 마시면 기억이 잘 나지 않는다는 점이다. 내가 무슨 일을 저지르든 무슨 골치 아픈 일이 있든 간에 술을 마시고, 마시고, 또 마시면 정말 잠시뿐이지만 다 잊어버릴 수 있다.

적에게 쫓기는 타조는 죽기 살기로 도망가다가 결국 지치면 풀숲에 고개를 처박아버린다. 자기 눈에서 적이 사라지면 마치 실제로 적도 사라진 것이라고 착각하면서 말이다. 하지만 결국에는 피할 수 없는 현실을 마주하게 된다.

앞서 언급한 사람들과는 차이가 있을 수도 있지만, 사실 우리는 지금껏 술로 인해 만들어진 나와 내 주변의 문제들을 직시하지 않았다. 자신이 원하는 것을 얻는 데만 관심이 있었고, 원하는 것을 가족들이 들어주지 않으면 아이처럼 화만 냈었다. 자신은 열심히 살아보려고 하는데 주변에서 도와주지 않는다며 원망만 했다. 그리고 그 원망 또한 자신이 술을 마시는 그럴듯한 이유 중 하나로 추가했다. 그러다가 음주운전으로 사고를 내거나, 회사에서 쫓겨나거나, 가정 내에서 불화가 생기면 또다시 술 뒤로 숨었고 애들처럼 피해 다녔다. 아무것도 못 본 척하고 도망다니기만 했다.

얼마 전 치료를 받겠다고 자발적으로 입원한 다른 환자가 있었다. 정말 이번에는 남다른 각오를 하고 병원에 입원했다. 하지만 이번에도 술을 마신 상태에서 이웃과 다퉈 입건이 된 상태였다. 결국 가정폭력으로 집행유예를 받았던 그는 치료를 마치지 못하고 수감되었다. 그런데 구치소로 향하는 그의 뒷모습은 오히려 희망에 차 있었고 당당했다. 어느새 그의 모습에 자신이 저지를 일에 대해 책임을 지는 어른스러움이 자리 잡고 있었다.

차라리 진짜 소년이라면 자신의 잘못을 인정하고 받아들이기 쉬울지도 모른다. 자신이 책임져야 할 별일이 없기 때문이다. 하지만 성인으로서의 책임감을 받아들이기 시작한 회복자의 경우에는 그동안 자신이 저지른 일과 성격적 결함에 대해 완전히 인정한다는 것은 엄청난 용기가 필요한 일이다. 진정한 받아들임이란 단순한 수긍이 아닌 실천으로서의 변화가 수반되어야 한다. 그래서 12단계 중 중간인 6단계에 이르러서야 성인으로서의 책임감에 대해 이야기하는 것이다.

많은 알코올중독 환자의 보호자들은 환자에 대해 이야기할 때 마치 물가에 내놓은 어린아이를 걱정하는 부모인 양 행동한다. 하지만 하나부터 열까지 가족이 챙겨주어야 한다면 그것은 온전한 생활이 아니다. 자신의 힘으로 우뚝 설 수 있는 것이 회복의 과정이다. 하지만 섣불리 일어나려다가 넘어져 다치고 다시 일어설 자신감마저 잃어버린다면 이는 어리석은 짓이다. '대충 시도하다가 안 되면 주변에서 도와주겠지.'라는 안이함을 가지고 있다면, 우리가 가지고 있는 '의존'이라는 오래된 습관을 아직도 버리지 못한 것이다. 조심성 있게 충분히 준비해 결국 책임감을 가지고 자신의 삶을 떠받드는 것, 그것이 앞으로 펼쳐져야 할 회복으로의 긴 여정이다.

짓는 일의 연속인 우리 삶의 모습도 그렇다.
처음엔 손에 익지 않아서 실수를 반복하던 일이라도
시간이 지나 꾸준히 그 일을 하다보면 어느새 고수가 되어 있기 마련이다.
짓는 일은 꾸준한 노력과 시간이 필요하다.
조바심을 내고 처음부터 잘 지어지지 않는다고 성질을 부리다 보면
결코 단단하게 지을 수 없다.

- 『사랑합니다. 감사합니다』 (고도원 지음) 中 -

'모든 성격상 결점'

우리는 중독 문제가 음주 문제라는 기존의 틀에서 벗어나야 한다.
그래야만 술 때문에 흐트러진 일상의 모든 면에서 회복이 가능해진다.
그때까지 우리는 성격상 결점에 대해 들여다봐야 한다.

지금까지 우리는 술로 인한 다양한 문제들을 검토하고 시인했다. 그런데 다시 한 번 우리 스스로에게 질문을 해본다. 이렇게만 하면 되는 것인가? 술로 인한 자신의 문제들을 파악하고 교정하는 것으로 다 된 것인가?

치료를 마치고 어느 정도는 그동안의 과정이 잘 진행된 것 같아서 뭔가를 기대하는 환자들이 있다. 실제로 정말 잘 지내는 사람들도 적지 않기는 하지만 상당수는 재발해서 다시 입원 병실에서 마주치게 된다. 과연 무엇이 문제일까? 어디에서 문제를 찾아야 할까?

노력해서 진정으로 술을 끊고자 했지만 결국에는 재발한 환자들을 보면 안타까운 공통점이 하나 있다. '어떻게 해서라도 술만 마시지 않으면 되겠지.'라는 생각만 하고 있었던 것이다. 물론 음주 문제가 가장 큰 문제이고, 그 문제와 동반된 문제점들까지도 생각은 했다. 하지만 도대체 어디까지 어떻게 노력해야 하는지에 대해서는 아직 확실히 결심을 하지 못했던 것이다. 스스로 생각하는 범위 내에서 자신이 할 수 있다고 나름대로 정한 것까지만 그런대로 열심히 노력했던 것이다. 결국 그 한계를 벗어났고, 다시 무너지고 말았다.

12단계가 우리에게 들려주는 이야기에 대해 다시 생각해보자. '본능'이 아닌 '본정신'을 이야기했다. 정직함을 이야기하고, 겸손함에 대해 이야기하며, 책임감에 대해 말한다. 또 앞으로의 단계에서 용기와 분별에 대해 이야기하고, 명상과 기도에 대해 이야기할 것이다.

그런데 이 모든 이야기들 중에 이제껏 듣도 보도 못했던 신기하고 새로운 이야기가 있었던가? 지금까지 살아오면서 책에서나 영화에서나, 친구나 선배의 조언을 통해서나, 가족의 잔소리 속에서나, 종교인들의 법문이나 설교를 통해 들었거나 사실은 모두 들어온 이야기들이다. 우리가 지나쳤고, 무시했고, 듣기 싫었던 것뿐이다. 다시 말해서 12단계가 우리에게 들려주는 이야기는 언제 누가 봐도 진실이고 명확하며, 인간이 살면서 충실히 따라야 할 가장 기본적인 덕목들이다. 그리고 이렇게 살면 누구나 틀림없이 회복에 이를 수 있다는 것은 자명하다.

12단계를 읽어보면서 너무나도 단정적으로 12단계를 실천하면 사랑도, 온전한 가정생활도, 신뢰와 믿음도, 확고한 신념도, 생활의 기쁨도, 용기와 평온함도, 꾸준함도 다 가능하다고 이야기하는 데 대해 의구심을 갖게 되기도 한다. 그러나 12단계에서 이야기하는 덕목들은 인류에게 공통적으로 필요한 선善이기 때문에 그것을 제대로 실천하기만 한다면, 우리 삶이 행복해지는 것은 어쩌면 당연하다. 그리고 이것은 비단 알코올중독자들에게만 해당되는 이야기가 아니다.

얼마 전 지금은 외래에 잘 다니고 있는 환자 한 분이 요즘 고등학교 1학년인 딸 문제로 고민이 많다고 했다. 이야기를 들어보니 아이는 사춘기의 아픔을 나름 힘들게 겪고 있었고, 지금껏 아이의 엄마는 혼자 속앓이를 하며 알코올중독이 있는 남편에게는 별 말을 하지 않고 지냈다. 그러다가 이제 수 개월째 단주를 유지하며 제자리를 찾아가는 자신에게 지금까지의 고충을 나누기 시작했고, 이 이야기를 듣고 머리가 아팠다는 이야기였다.

이 얼마나 놀라운 변화인가! 지금까지 술 뒤에 숨어 고달픈 현실은 부인에게만 떠맡겼던 사람이 이제는 그 현실을 쳐다보고 맞서 고민하고 있지 않은가? 우리 앞에 놓인 현실은 그리 녹녹하지 않다. 고민과 갈등은 도처에 널려 있고, 그 사이에서 지금껏 우리는 두려움과 비겁함에 사로잡혀 숨어 있었다. 모른 척하고 못 본 척하며, 결국에는 다른 누군가가 나 대신 문제를 해결해줄 것이라고 생각했다. 하지만 사실 해결되는 일이 없었다. 마냥 무책임하게 미루었을 뿐이다.

이 분이 하는 고민은 당연한 일이다. 커가는 아이와의 갈등은 피해야 하는 것이 아니라 현명하게 다루어야 한다. 고민도 해야 하고, 표현도 해야 하고, 수용도 해야 한다. 이 아버지는 이제야 그 일을 제대로 하기 위한 노력을 시작했다. 물론 쉽지 않기 때문에 때로는 감정이 앞서고 처음 겪는 일이라 서투를 것이다. 그래도 차근차근 시작하고 있다. 이제야 자신의 문제가 단순한 음주 문제가 아니라 일상 모든 면에서의 문제라는 것을 이해하고 있다.

우리는 중독 문제가 음주 문제라는 기존의 틀에서 벗어나야 한다. 그래야만 술 때문에 흐트러진 일상의 모든 면에서 회복이 가능해진다. 그때까지 우리는 우리가 너무도 익숙해져 있는 성격상 결점에 대해 들여다봐야 한다. 지금까지 우리가 가지고 있던 가장 결정적인 성격상 결점은 우리의 결점에 대해 가볍게 생각해왔다는 바로 그것이다. 결점 중 일부를 찾았다고 그만두어서도 안 된다. 멈추고자 하는 바로 그 마음을 극복하는 그때가 우리의 첫 번째 결점이 비로소 들추어지는 때다.

성공은 영원하지 않고, 실패는 치명적이지 않다.

- 마이크 디트카 -

'완전히'

•
•
•

억지로 술만을 참는다고 문제가 해결되지 않는다.
6단계에서 '완전히'라는 말을 쓰기 위해서는
훨씬 철저하고 포괄적인 방식으로 자신을 되돌아볼 수 있어야 한다.

오늘도 재발 환자가 또다시 입원했다. 벌써 여덟 번째다. 지난번 퇴원시의 느낌으로는 잘될 것 같았다. 경과도 나쁘지 않았다. 퇴원 후 수개월 째 단주를 유지하며 A.A. 모임도 잘 나가고, 외래도 거의 약속시간에 맞춰 빠짐없이 방문했었다.

알코올의존은 절망과의 싸움이다. 많은 알코올중독자들이 이것이 정말 끊을 수 있는 문제냐고, 결국 또 반복하고 반복하는 것 아니냐고 의구심을 가지고, 스스로 정말 이런저런 노력을 다 해보았는데 결론은 또 재발해서 다시 입원하게 되었다고 하소연한다. 가족들도 마찬가지다. 십수년째 알코올의존 병 수발을 해온 부인이 남편을 입원시키면서 술 끊는 일은 바라지도 않는다며 단 몇 달이라도 그냥 입원만 시켜달란다. 온갖 치료 다 받아봤는데 결국은 퇴원하면 바로 술을 마셔버렸단다.

그러면 그동안 왜 이것저것 노력을 해보았는데 안 되었을까? 왜 재발의 반복으로 인해 절망에 빠져들었을까? 아무것도 해보지 않는 것도 아니고, 병원 치료도 받고 모임도 나갔었는데, 결국 지금은 늪에 빠져버린 느낌일까?

그는 삼형제 중 둘째였다. 큰형은 집에서 장손으로 대우를 받았고, 막내는 귀여움을 독차지했지만 정작 그는 돌잔치도 하지 못했다. 둘째 아들의 돌잔치까지 해줄 정도로 집안이 넉넉하지는 못했다. 물론 귀여운 막내는 가족 모두 함께 돌 사진도 찍었다. 환자는 아버지에게 귀여움을 받고 싶어 막내를 질투하는 대신 막내를 잘 돌봄으로써 칭찬받고자 노력했다. 하지만 작은 실수만 있어도 모든 타박은 환자의 차지였다.

공부에는 별로 재주가 없었던 환자는 그의 아버지가 즐겨 보시던 드라마 주인공을 따라 그리기 시작했고, 그때는 잠시 그림 솜씨에 놀라워하셨다. 중학교에 가서도 그림밖에는 별로 눈에 띄는 것이 없었다. 그래서 열심히 그림을 그렸다. 그럴 때마다 아버지는 그림쟁이는 자기 밥벌이도 못한다며 공부나 하라고 꾸중하셨다. 미술을 할 수 있는 예술고등학교에 진학하고자 했으나, 아버지의 반대로 포기할 수밖에 없었다.

그러던 아버지가 갑자기 돌아가셨다. 워낙 가부장적이셨고 강력한 카리스마로 가족들에게 영향을 주셨던 아버지가 평생 구박만 하시다가 돌아가셨다. 진심으로 그분에게 칭찬 한 번 제대로 받고 싶었는데, 야속하게도 갑자기 사라져버렸고 정말로 원망스러웠다. 그동안 사랑 한 번 제대로 표현해주지 않고 가버리신 것도 야속했고, 이제는 더이상 칭찬을 바랄 대상이 없다는 상실감에도 속상했다. 하지만 정작 본인은 인식하지 못했지만, 이후 충족되지 못한 '인정받고자 하는 욕구'를 해소할 수 없다는 것이 문제였다.

방황을 하며 학업 성적이 우수하지 못했던 그는 결국 대입에 낙방했다. 남들보다 그림에는 정말 소질이 있었지만, 이미 예술 분야에도 학연이나 배경이 중요한 시대였다. 여전히 칭찬받고 싶고 여전히 인정받고 싶었지만, 그럴 수 있는 대상도 없었고 주변 환경도 여의치 않았다. 세상이 원망스러웠고, 지인이나 가족들의 위로나 걱정은 그저 잔소리로밖에 들리지 않았다. 여전히 그림에 매진할 수 없도록 방해했던 아버지가 원망스러웠고, 살아생전 한 번도 해주지 않으셨던 아버지의 그 칭찬이 너무나 절실했다. 아버지가 그리울 때마다, 야속할 때마다, 그의 아픔을 잊게 도와주는 것은 술밖에는 없었다. 그렇게 점점 알코올중독자가 되어갔다.

그는 술 때문에 많은 것을 잃었다. 결혼도 실패하고, 직장도 잃고, 다른 가족들과도 등졌다. 그래서 술이라면 지긋지긋하다. 안간힘을 써서 술을 마시지 않다가도 약간 좌절하거나 주변의 실망스러운 시선이 느껴지면 지레 무너져 술을 마셔버렸다. 아무리 생각해봐도 이렇게 허무하게 재발하는 이유가 스스로도 이해가 되지 않았다. 점점 좌절하고, 자괴감에 빠지며, 스스로가 형편없는 사람이라고 생각되기만 했다. 실패를 거듭할수록 잘 지내는 척하고 그럴 듯한 척하며, 자신이 술을 조절할 수 있는 것처럼 포장했다. 포장은 계속 화려해져가는데, 허무함은 더욱 심각해져만 갔다.

실은 주변의 시선에서 자유로워져야만 했다. 자존감의 회복이 무엇보다 절실했다. 하지만 마음 깊숙한 곳에 아직도 그 자존감을 회복시켜줄 사람으로 돌아가신 아버지만 붙잡고 있었다. 아버지는 이미 돌아올 수 없는 곳에 계신데도 말이다.

이 상황에서 억지로 술만을 참는다고 문제가 해결되지 않는다. 훨씬 더 뿌리가 깊고 치명적인 내면의 문제를 제대로 들여다보지 않으면 안 된다. 6단계에서 '완전히'라는 말을 사용하는 것은 자신의 음주 문제 해결에 대해 '하나도 남김없이 철저히'라는 의미로 생각할 수도 있지만, 어쩌면 훨씬 더 다양하고 근본적인 문제들이 우리 마음속에 자리 잡고 있다는 것일 수 있다. '완전히'라는 말을 쓰기 위해서는 훨씬 철저하고 포괄적인 방식으로 자신을 되돌아볼 수 있어야 한다. 그래서 12단계는 각 단계 전부가 끝이 없는 작업일 수밖에 없다.

오늘 1,000개를 쳐야지 했으면 1,000개를 쳐야 한다.
오늘 999개를 치고 내일 1,001개를 쳐야지 한다면,
성공할 생각은 말아야 한다.

- 최경주 -

'준비했다'

•
•
•

회복의 길은 녹녹하지 않다. 답은 이미 정해져 있다.
단주의 선배들, 치료진, 가족들이 건네주는
진심 어린 조언을 바탕으로 실천할 뿐이다.

나는 혈압이 높은 지 이미 꽤 오래되었다. 혈압약을 먹지 않으면 수축기 혈압이 200mmHg를 넘기 일쑤고, 이완기 혈압도 140mmHg를 훌쩍 넘는다. 혈압이 높으면 음식을 너무 짜게 먹지 말고, 규칙적으로 운동을 해서 체중이 늘어나지 않도록 해야 한다. 또한 과음이나 흡연을 피해야 한다.

이 이야기를 듣고 만일 내가 이렇게 반응하면 어떨까? "병은 병원에서 치료해야지, 왜 나 보고 이것 해라 저것 해라 명령이야? 난 간이 제대로 되어 있지 않은 음식은 싫어. 운동은 너무 하기 싫고 귀찮아. 자기들이 약을 제대로 주면 될 것이지. 병원에 돈을 냈으면 의사들이 나를 낫게 해주어야지, 뭐가 이렇게 잔소리가 많아?"라면서 운동이나 식이요법을 제대로 하지 않으면 어떨까? 혈압약도 내가 먹고 싶을 때만 먹고 먹기 싫을 때는 그냥 건너뛰면 어떨까? 이렇게 고혈압에 대처한다면 나는 건강을 유지할 수 있을까? 아마 불가능할 것이다.

어떤 사람이 교통사고로 복합골절이 발생했고, 결국 양 다리 모두 수술을 받았다. 그런데 수술을 마쳤으면 그 사람의 다리는 완쾌한 것일까? 수술 이후 그 사람은 수개월간 깁스를 한 채 입원해야 했다. 그리고 다시 제대로 걷기까지 재활치료가 필요했다. 이러한 과정에서 환자가 아프다고 누워만 있다면 이 사람은 제대로 걸을 수 있을까? 하지만 자신의 의지만으로 수술 직후 무작정 자신의 힘으로 걷겠다고 하거나, 반대로 재활치료를 충실히 받지 않으면 또 어떤 일이 생길까?

이와 반대로 어떤 의사 선생님이 입원한 적이 있다. 심각한 금단증상과 전신쇠약으로 입원 초기에는 보름간 제대로 걷고 다니지도 못했다. 하지만 기력이 회복된 이후에는 모든 치료 과정에 사사건건 개입하기 시작했다. 간 기능 수치를 보고는 특정 약을 넣어달라는 것 정도는 너무 일상적인 개입이었다. 자신만이 아닌 다른 사람의 질환 문제를 가지고 실갱이하고, 프로그램 진행자의 출신학교 및 자격증 관련한 사항에 대해 트집을 잡고, 프로그램의 내용에 대해 논쟁하고, 급기야는 치료진의 출신학교에 대한 폄하까지 했다. 치료적 도움을 받아들이기는커녕, 주변 사람과 환경에 대한 비난과 공격만으로 일관하는 태도를 지속하는 한 치료적 성과로는 단 한 걸음도 전진할 수 없다.

자신이 겪고 있는 질병을 치료하는 데 자신의 의지와 노력은 어떤 의미가 있을까? 또 의사와 같은 치료진의 역할은 무엇일까? 어디까지 다른 사람의 도움이 필요하고, 어디까지는 자신의 의지로 이 모든 문제들을 해결할 수 있을까?

회복으로 가는 길은 우리가 한 번도 가보지 않은 길이다. 이전에 가본 것 같은 느낌이 든다고 해도, 결국 실패했고 재발했다면 그 길은 회복을 향하는 제대로 된 길은 아니다. 우리에게는 지도도 있고, 나침판도 있으며, 길을 안내하는 표지판도 있다. 하지만 이 모두를 무시하고 자신의 감만으로는 낯선 길에서 방향을 잃기 쉽다. 우리의 눈으로 봐서는 목적지가 어딘지도 보이지 않기 때문이다. 그 길은 탄탄대로가 아니다. 어떤 길은 끝이 막혀 있는 것처럼 보이기도 한다. 오직 우리가 할 수 있는 일은 믿음을 가지고 앞서 간 사람들의 조언이 담겨 있는 지도와 표지판을 잘 살펴 포기하지 않고 가는 일뿐이다.

가끔 산에 오를 때면 등성이가 보인다. 그 등성이만 넘으면 정상일까 하는 기대로 산을 오른다. 하지만 어김없이 등성을 넘으면 또 하나의 등성이가 있다. 정말로 정상에 오르면 또 어떤가? 정상 너머에 또 산이 있다. 회복의 길은 녹녹하지 않다. 답은 이미 정해져 있다. 단주의 선배들, 치료진, 가족들이 건네주는 진심 어린 조언을 바탕으로 실천할 뿐이다.

사람과 사람이 서로 의지하며 살아가는 이 세상에서 어떤 일이든
나와 관계가 없다거나, 전혀 책임이 없다고 말할 수 없다.
아무런 관계도 없을 것 같던 일이 돌고 돌아서 다시 내게로 연결된다.
이렇게 서로가 연결되는 한 각자에게 깊은 반성과 강한 책임감이 요구된다.

– 『길을 열다』 (마쓰시타 고노스케 지음) 中 –

우리의 수많은 문제의 한가운데에는 '교만'이 자리 잡고 있다. 인간은 교만하기에 '교활'한 알코올 앞에 쉽게 무너지는 것이다. 교활한 알코올의 꾐에 넘어가지 않는 방법은 '겸손'밖에 없다. 단점을 자신의 잣대로만 결정하고 해결하려고 하면, 가장 가리고 싶은 단점은 외면할 수밖에 없다. 마지막까지 핵심적인 단점이 사라질 수 있도록 간절한 마음으로 위대한 힘에게 의지해야 한다.

7단계

—

간절히 청함

"겸손하게 신께서 우리의 단점을 없애주시기를 간청했다."

'신께서'

알코올중독자와 생활하면서 나는 확신한다.
이들에게도 자연치유력은 분명히 있다고.
이 질병에서도 자연치유력의 효과는 동일하게 작용한다고.

뼈가 부러진 사람의 부러진 뼈를 붙이기 위해 우리는 어떠한 노력을 해야 할까? 어떻게 하면 뼈를 붙일 수 있을까? 풀이나 본드로 붙여야 할까? 못질을 해야 할까?

사실 뼈를 붙이는 방법이란 없다. 의학이 많이 발달했지만 특별한 방법을 이용해서 절단된 두 부분을 접합할 수는 없다. 물론 뼈가 여러 군데 부러져 제 모양을 갖추지 못하는 상태라면 심을 대고 뼈를 심에 고정시키는 수술을 한다. 하지만 이 경우에도 고정시키기 위해 심을 대어 놓았을 뿐이지, 그 심이 뼈를 붙게 하는 것은 아니다. 뼈는 저절로 붙는다. 일반적인 골절의 경우에는 그냥 깁스만 할 뿐이다. 관절이 제멋대로 움직이는 것을 막아 부러진 뼈가 서로 잇닿아 있도록만 해놓으면 그만이다.

이번에는 칼에 피부를 베였다고 가정해보자. 이 경우에도 마찬가지로 피부가 서로 맞닿아 있기만 하면 저절로 붙는다. 물론 상처 범위가 넓으면 실로 꿰매어 놓기도 한다. 그렇다고 해서 실이 피부를 붙도록 하는 것은 아니다. 살이 저절로 붙으면 이후에 실을 제거한다.

감기에 걸렸을 때 대부분 일주일 정도면 낫는다. 감기약을 먹으면 열과 같은 심한 증상이 조금 조절되기는 하지만, 사실 우리 몸이 바이러스를 물리칠 때까지의 시간이 지나면 감기는 저절로 낫는 것이다. 신체 질환만이 아니다. 우울증도 대부분 시간이 지나면 좋아진다. 물론 심각한 우울 증상이 있어 사회적·직업적·개인적 생활에 심각한 문제가 발생하는 경우에는 그 증상을 가라앉히기 위한 항우울제가 반드시 필요할 때도 있다. 하지만 대부분 경도의 우울증인 경우에는 시간에 따라 저절로 호전된다.

술을 마셔도 마찬가지다. 술을 마신 후 심한 숙취로 고생할 때가 있다. 속이 메스껍고 머리가 아프며, 구토를 하기도 한다. 물론 증상을 조금 편하게 겪기 위해 숙취해소 음료를 마실 수는 있다. 하지만 숙취해소 음료는 의약품이 아니다. 숙취를 해소한다는 효과가 객관적으로 입증되어 있지 않다. 그러면 숙취는 어떻게 호전될까? 시간이 지나면 저절로 호전될 뿐이다.

이렇게 저절로 좋아지는 신체의 특성을 '자연치유력'이라고 한다. 인간은 창조될 때부터 자연치유력도 함께 지니고 태어났다. 단순히 골절이나 외상과 같은 신체적인 손상만이 아니라, 우울증과 같은 심리적인 문제들이나 숙취와 같은 알코올 문제에도 동일하다. 그러면 알코올중독처럼 보다 만성적인 질환에도 해당될까?

알코올중독자와 생활하면서 나는 이들에게도 자연치유력은 분명 있다고 확신한다. 그리고 이 질병에서도 자연치유력의 효과는 동일하게 작용한다고 확신한다. 다만 자연치유력이 작용하기에는 많은 시간이 필요한데, 그 사이에 재발이 선행해 그 길을 가로막을 뿐인 것이다. 하지만 조금 더 버텨낸 사람들에게는 그 자연치유력이 분명히 놀라운 힘을 발휘한다고 생각한다. 알코올중독은 개선될 수 있고, 회복될 수 있다.

알코올중독이라는 질환을 설명할 때, 치료가 다 되면 '완쾌'되었다고 말하지 않는다. 변화가 시작되고 호전되는 과정과 그 목표를 '회복recovery'이라고 한다. 우리 모두가 다 이해하듯이 '회복'이라는 목표는 '이전에는 전혀 없었던 새로운 상태'를 의미하지 않는다. 국어사전에 '원래의 상태로 돌이키거나 원래의 상태를 되찾음'이라고 되어 있다. 즉 알코올중독의 치료 목표는 원래의 상태로 돌아가는 것이다. 우리에게는 이미 원래의 상태가 있었고, 그 상태로 돌아갈 수 있는 능력이나 방법도 이미 우리에게 존재한다.

자연치유력은 사람을 차별하지 않는다. 똑똑한 사람에게 더 많이 존재하고, 사회적으로 성공한 사람에게서 더 강력한 형태로 작동하는 것도 아니다. 모든 사람에게 동일하게 작용하도록 이미 신으로부터 선물 받은 것이다. 또한 자연치유력을 작동하거나 멈추게 하는 특별한 방법도 없다. 자연치유력은 우리의 통제 범위 밖에 존재한다. 그저 제대로 작동하도록 기다릴 뿐이다. 원래 있지만 내 것이 아닌 것, 하지만 내가 방해만 하지 않으면 저절로 작동하는 그것이 자연치유력이다.

알코올중독자들은 자신에게는 마치 자연치유력이 없는 것처럼 말하거나 행동한다. 알코올중독이 나을 수 없는 병이라고 미리 결론 내리고 행동하는 사람들의 이야기다. 또는 자신이 자연치유력을 통제할 수 있을 것처럼 이야기하는 사람들도 있다. 자신만의 힘으로 중독에서 벗어날 수 있다는 사람들의 이야기다. 그러나 이것들은 모두 불가능하다. 오직 가능한 것은 자연치유력이 원활히 작동할 수 있도록 방해하지 않고 기다리는 것이다. 먼저 앞서 나가지도 않고 너무 뒤처지지도 않으며, 자연치유력의 회복을 신중하게 기다리는 것, 바로 그것이 신께서 우리에게 주신 중요한 선물을 제대로 받아서 이용하는 방법이다.

어떤 경우에도 절대로, 절대로, 주눅 들지 마세요.
당신은 하느님의 하나밖에 없는 외동아들, 외동딸이며
아직 깨닫지 못했어도 이미 부처님입니다.
이 사실을 믿으면 그 누구도 당신을
주눅 들게 하지 못합니다.

- 『멈추면, 비로소 보이는 것들』 (혜민 지음) 中 -

'단점'

•
•
•

7단계에서 우리는 분명히 해야 한다. 비겁함, 열등감과 자기 연민, 조급함, 합리화 등이다. 이러한 단점들은 한순간에 없어지지 않는다. 오히려 한순간에 없애려는 유혹이 우리를 교만으로 이끈다.

그의 아버지는 집안의 맏아들이었다. 몇 푼 되지 않는 월급이었지만 시골의 부모님이며, 한창 공부해야 하는 남동생이며, 혼기에 접어든 여동생을 뒷바라지하려면 대부분의 수입을 송금해야만 했다. 그러고 나서 남는 돈으로 생활하자니 그의 어머니는 견디기 힘들었다. 그래서 하루가 멀다 하고 아버지와 어머니는 다투었다.

하루는 여느 다른 날과 같이 큰소리를 내며 싸우시는 부모님을 피해 다락에 숨어 있다가 오줌을 참기 힘들어 조용해진 틈을 타 빠금히 문을 열어보니, 집안 살림은 난장판이었고, 머리가 풀어헤쳐진 어머니는 구석에서 울고 계셨다. 그것이 그의 어린 시절 기억이었다.

그래도 어머니는 그가 시험 점수 100점을 받아오면 기운이 난다며 좋아하셨다. 그래서 그는 100점을 받아야 했다. 어떤 때는 교탁 밑에서 답안지를 몰래 고쳐 100점을 만들기도 했다. 이후로 그는 항상 칭찬받는 사람이고자 했다. 다른 사람들의 평가가 그에게는 무엇보다 중요했다. 술도 그래서 늘었다. 밤새 술을 마셔도 끄떡없는 그에게 사람들은 찬사를 보냈고, 그는 술을 마시는 것이 무슨 벼슬이나 된 듯 우쭐대며 술을 마셔댔다. 그러다 결국 무너졌고 병원에 왔다.

병원에서 그의 치료과정은 다시 칭찬받는 것으로 시작했다. 그는 자신에게 음주 문제가 있다는 점을 누구보다도 빨리 인정하는 듯했고, 치료상담에도 적극적으로 임해 항상 타인의 모범이 되는 듯했다. 하지만 언제나 '그럴듯한' 사람이어야 했던 그는 사실 자신의 문제를 바라보지 못했다. 치료진의 격려와 칭찬을 뒤로하고 퇴원했다.

얼마간 잘 지내는 듯했지만, 안 그래도 타인의 비판에 민감한 그에게 근사한 포장지로 감싸 놓은 실제 자신의 모습이 드러나는 것은 상상하기도 싫은 끔찍한 일이었다. 자신이 얼마나 흉측한 사람인지 다른 사람들이 알아챈다면 모두 다 떠날 것 같아 두려웠다. 그래서 아는 척했고, 잘 지내는 척했으며, 단주와 온전한 삶을 이루어가는 척했다.

빨리 제자리를 찾고 싶었지만 차근차근 준비하고 노력하기에는 마음의 여유가 없었다. 무엇보다 부족한 것은 자신이 할 수 있다는 스스로에 대한 확신이었다. 결국 기초는 세우지 않고 무대만 세웠으며, 진실이 사라진 삶의 빈칸에 결국 교만만을 채워나갔다.

또 다른 사례로 50대 중독자의 이야기다. 그의 알코올중독은 정말 오래되었고 그동안 수십 곳의 병원을 들락날락했었다. 그 와중에 가족은 다 떠나고, 직장도 잃었다. 하지만 여전히 그에게는 술만이 남아 있었다. 그런 그가 5년여 전에 술을 끊은 적이 있었다. 그것도 2년을 마시지 않았다. 술 없이 지내면서 비정규직이지만 직장도 다니기 시작했다. 일이 잘 풀리는 듯했다. 그러고는 어느 순간 술을 마셨다. 그냥 마셔도 될 것 같았다. 얼마 지나지 않아 그는 다시 병원에 입원할 수밖에 없었다. 그런데 한참이 지나서 그 당시의 일을 돌이켜보고 그는 무척 놀라운 자신의 마음을 발견할 수 있었다고 고백했다. 술을 마시지 않고 지낸 2년의 시간이 술을 마시기 위한 준비 기간임을 깨달았다는 것이다. 2년이 다 되어가던 그의 머릿속에 '2년을 단주하는 알코올중독자가 어디 있겠어? 처음부터 진단이 잘못되었던 거네. 나는 알코올중독자가 아니었네. 술을 다시 마셔도 되겠네.'가 떠올랐다고 한다. 결론적으로 술을 마실 수 있는 핑계를 만들기 위해, 그는 술을 2년간 마시지 않고 지냈던 것이다. 감춰져 있던 자신의 교만에 자신도 크게 당황했다고 했다.

사자성어로 '목불견첩目不見睫'이라는 말이 있다. 자신의 눈썹을 못 보듯이 자신의 허물 역시 잘 알지 못한다는 뜻이다. 자신의 단점을 속속들이 들춰내는 것은 대단한 용기가 필요하다. 우리에게는 이러한 두려움을 손쉽게 외면할 수 있는 무척이나 효율적인 무기가 있다. 바로 '합리화'다. 우리가 가진 단점은 그럴듯한 핑계로 인해 항상 가려질 수 있다. 우리는 항상 이러한 작업에 익숙해져 있다. 술을 마실 수밖에 없는 상황에 있었으며, 그 상황을 만든 다른 누군가가 있었기 때문에 나는 그러한 상황에서 술은 마실 수밖에 없었던 것이라고 한다.

우리나라의 많은 알코올중독자들이 타의에 의해 비자발적으로 입원하지만, 일부 자발적으로 입원하는 환자들도 있다. 그런데 일부 자발적인 입원 환자들의 경우에 오히려 경과가 더 좋지 못할 때가 있다. 마치 자신의 문제를 아는 것처럼 행동하는 듯 보이지만 결국 자기 마음대로 행동하기 위해 잠시 자발적으로 입원하는 듯 행세하기 때문이다. 교묘하게 덧씌워진 교만을 걷어내지 않고서는 회복을 기대하기 어렵다. 7단계에서 우리는 분명히 해야 한다. 우리의 문제를 드러내지 못하는 비겁함, 열등감과 자기 연민, 조급함, 합리화, 그리고 좀처럼 내 입에서 떠나지 않는 '남 탓'이다. 이러한 단점들은 한순간에 없어지지 않는다. 오히려 한순간에 없애려는 유혹이 우리를 교만으로 이끈다.

많은 사람이 재능의 부족보다 결심의 부족으로 실패한다.

- 빌리 선데이 -

'없애주시기를'

•
•
•

악수를 하려면 손을 펴야 한다. 두 손 가득히 물건을 들고 있으면서
또 새로운 물건을 붙잡을 수는 없다. 새로운 것을 받아들이기 위해서
내가 지금 가지고 있는 것을 버려야 한다.

많은 분들이 음주 문제를 치료하자고 하면, 자신이 알아서 하겠다고 말한다. 문제가 심각해서 병원에 입원한 환자들도 예외는 아니어서, 금단증상에서 좀 벗어나면 퇴원해서 술을 끊겠다고 큰소리를 치면서 술을 끊고 안 끊는 것은 자신의 의지가 아니냐고 말한다.

최근에 면담한 환자도 그랬다. 대기업에서 부장의 직책으로 근무하시는 분이었다. 어려운 환경에서 열심히 일해서 진학했고, 좁다는 취업의 문을 통과했으며, 조기퇴직을 하는 주변 사람들 사이에서 승진을 했다. 개천에서 용이 난 정도는 아니지만, 스스

로 생각해도 그래도 꽤 훌륭히 살아왔다. 사무실에서의 일처리는 깔끔했으며, 상사들도 그의 능력을 높이 샀다. 하지만 입원하기 전 20일 동안 잠적한 그를 회사 동료가 수소문한 끝에 찾아내 가족을 설득해서 병원으로 모시고 왔다.

심한 금단증상을 겪은 후 첫 면회에서 회사 직원들이 찾아와, 열심히 치료받고 회사로 복귀하라며 격려하고 돌아갔다. 하지만 그분은 자신이 알코올중독자라는 것을 받아들이는 것이 너무도 힘들다고 했다. 회사에서 꿋꿋하게 제 역할을 해왔던 사람인데, 병동에 입원한 다른 환자들과 동일하게 형편없는 인생을 산 사람처럼 자기 자신을 취급해야 한다는 점을 받아들이는 것이 매우 고통스럽다고 했다. 머리로는 자신에게 음주 문제가 있는 것은 알겠지만, 그래도 자신이 지금까지 살아온 삶이 알코올중독자의 것과는 차이가 있지 않은가 하는 생각을 계속 떨쳐버릴 수 없다고 했다.

악수를 하려면 손에 아무것도 없어야 한다. 두 손 가득히 물건을 들고 있으면서 또 새로운 것을 붙잡을 수는 없다. 새로운 것을 받아들이기 위해서 내가 지금 가지고 있는 것을 버려야 한다는 것은 자명한 이치다. 버리지 않고는 채울 수 없다. 그런데 내 것을 버리자니 무척 아깝다. 내가 쌓아 놓은 경력도 아깝고, 사회적

지위도 아깝다. 휴대전화에 가득한 인맥도 사실은 술친구에 불과하지만 지금의 내 모습을 설명하는 소중한 자산 같아서 놓아버리기가 아쉽다.

세상에는 정리를 잘하는 사람들이 있다. 요즘에는 정리컨설턴트라는 직업도 있고, 정리수납전문가라는 자격증 과정도 있다. 이들의 말을 들어보면 우선적으로 하는 것이 '버리기 노하우'다. 버릴 것과 남길 것을 잘 구분하고, 버릴 것은 과감하게 버려야 남은 것들이 정리되기 마련이다. 그런데 우리 알코올중독자들은 술 자체나 술과 연관된 많은 기억, 감정적 숙취들이 우리의 삶에 너무나 진하게 스며 있다. 어디까지가 버릴 것이고 어디까지가 남길 것인지 객관적으로 구분할 수 없을 정도로 깊게 배여 있고 내 손으로 도려내기에는 견디기 어려운 고통이 있다.

어린 시절 어머니에게 피아노를 배웠다. 어린 시절 어머니께서 집에서 동네 아이들에게 피아노를 가르치셨으니, 당연히 아들들에게도 피아노를 가르치셨다. 그런데 나와 내 동생은 피아노를 잘 치지 못했다. 소질도 없었을 뿐 아니라 열심히 하지도 않았던 것 같다.

어머니의 가르침이 당시의 나에게는 그저 잔소리 같았고, 피아노를 배우는 시간마다 짜증만 나고 즐겁지 않았다. 지금에야 '그

때 조금 더 열심히 할 걸.'이라고 후회를 하지만 이미 너무도 지나버렸다.

그러면서 '어머니가 아닌 다른 사람에게서 피아노를 배웠다면 훨씬 더 잘 치지 않았을까?' 하는 생각이 들었다. "중이 제 머리 못 깎는다."라는 속담처럼 어머니가 아들을 가르치는 데는 훨씬 더 어려웠을 것이다. 감정이 앞서고 공과 사가 섞여버리니 제대로 된 교습이 진행되기 어렵지 않았을까. 운전을 가르쳐준다고 나섰던 남편이 결국 부인과 싸우고야 마는 경우도 흔하지 않은가? 이렇게 가까운 사람이 자신을 가르치기도 힘든데 내가 자신의 단점을 드러내고, 훈계하고, 완전히 새로운 모습으로 바꾸려고 한다는 것은 불가능에 가까운 일이다.

다른 사람의 간섭은 괴롭다. 자존심이 팍팍 상하고 엄청난 모멸감이 들기도 한다. 다 때려치우고 싶어지기도 한다. 내가 이런 간섭을 받으면서 살 필요가 있을까? 다른 누군가의 개입이 나를 바꿀 수는 있을까? 결국 내가 바뀌려면 나의 의지가 필요한 것이 아닌가?

지금의 '나의 모습'은 내가 만들었던가? 어느 누구도 자신의 모습을 자신만의 힘으로 만들어가지 않는다. 교육과 환경과 양육에 따라, 그리고 사람들과의 상호작용에 따라 지금의 '나의 모습'이 형성된 것이다. 그리고 앞으로의 '나의 모습' 또한 나의 의지로만 형성되지는 않는다. 나도 모르는 사이에 미래의 나의 모습은 그 누군가의 힘으로 만들어진다. 이 과정에서 우리가 할 수 있는 일이란 그 무엇인가가 나를 변화시켜가면서 나의 단점을 없애주기만 바라는 것뿐이다.

내가 걱정한다고 해서 해결될 문제라면 결국 해결될 문제이므로
근심 걱정할 필요가 없고, 걱정한다고 해서 해결될 일이 아니라면
결국 안 될 일이므로 걱정해 마음을 괴롭힐 필요가 없다.

- 달라이 라마 -

'간청했다'

과연 지금 내 두 손으로 붙잡고 있는, 절실하고 생각하는 그 어떤 욕구가
어쩌면 제대로 살아낼 수 있는 우리의 삶을
더 위험 속으로 밀어넣고 있는 것은 아닐까?

한 20년도 넘은 것 같다. 같이 동아리 활동을 하는 선후배들과 태능 옆에 있는 불암산에 놀러간 적이 있다. 산에 오르기 전에는 잘 몰랐지만, 평소 산행을 즐겨하지 않던 나에게 불암산은 큰 도전이었다. 왜냐하면 그 시절 불암산은 그냥 산길이나 계단들로만 이루어진 동네 뒷산과는 달리, 산 정상 부위가 커다란 바윗덩어리 그 자체였기 때문이다. 오래된 기억이라 정확하지는 않지만 그 가운데 어느 부위는 바위면의 경사가 상당했고 중간중간 매듭이 지어진 줄이 늘여져 있어, 등반객이 그 줄을 잡고 올라가야만 했다. 나와 같은 등산 초보자에게는 쉽지 않은 도전이었다. 미

끄러운 바위 경사면에서 그냥 미끄러져버릴 것만 같았다.

그렇다고 포기할 수는 없었다. 다른 동아리 회원들과 함께하기로 한 등반에서 얼마 남지 않은 정상에 오르는 것은 너무나도 당연한 일이었다. 결국 미끄러지지 않기 위해서 바닥에 찰싹 붙어 기어가듯 오를 수밖에 없었다. 손과 발에 안간힘을 다 써서 가까스로 불암산 정상에 올랐다.

그런데 산을 자주 타는 다른 사람들이 그 산의 정상에 오르는 모습이 나와는 전혀 달랐다. 미끄러워만 보이는 그 산의 경사진 바위에서 두 발 전체를 온전히 땅에 대고 성큼성큼 걸어 올라갔다. 매듭 지어 늘어진 줄을 손으로 잡고 당당히 바위산 정상으로 향했다. 미끄러질까봐 전전긍긍하며 기어올라가는 나의 모습과 두 발로 우뚝 서서 정상을 정복하는 모습이 너무도 비교되어 산을 내려온 이후에도 지금까지 기억 속에 남아 있다. 사실 생각해 보면 산을 기어오를 때 내 신발은 구부러질 수밖에 없어 앞꿈치만 가까스로 바위에 닿아 있었다. 하지만 두 발로 서서 걸어 올라가는 사람들의 발은 앞부터 뒤까지 전체 발바닥이 땅과 맞닿아 있었다.

사실 생각해 보면 두 발로 서 있는 편이 땅과 마찰되는 부분이 훨씬 많아 안전하게 산에 오를 수 있는 것이었다. 미끄러져 내릴까봐 아등바등 기어가는 것보다 손을 땅에서 떼고 당당하게 일어서는 것이 산에 오를 수 있는 안전하고도 확실한 방법이었던 것이다. 하지만 난 그 자리에서 손으로 땅을 부여잡아야만 살 수 있을 것만 같았고, 애써 두 손으로 땅을 부여잡고 기었다. 내가 살기 위해 우리가 끝까지 놓지 못하고 붙잡고 있는 그 무엇이 사실은 우리를 더 위험하게 만드는 것이었다.

과연 지금 내 두 손으로 붙잡고 있는, 절실하게 생각하는 그 어떤 욕구가 어쩌면 제대로 살아낼 수 있는 우리의 삶을 더 위험 속으로 밀어 넣고 있는 것은 아닐까?

얼마 전 퇴원한 환자가 자신의 변화와 경험을 이야기한 적이 있다. 처음에는 상당히 치료에 수동적이어서 방관자적인 환자였다. 그러다가 치료과정 중에 가족과의 진정 어린 화해와 함께 자신의 삶의 모순과 문제점들을 시인하기 시작했다. 그러고는 이후 치료부터는 진정으로 노력하는 모습이 보였다. 그가 퇴원할 때 자신의 변화과정에 대해 다음과 같이 요약했다. 자신을 접시에 비유하면서, 입원 후 그 접시에 여기저기 이가 빠졌다는 사실을 처음으로 인정하게 되었다고 했다. 그리고 치료과정을 통해 회복이 가능하다는 말을 듣고 그 접시가 새로 변신해 새 접시로 세상에 등장할 수 있으리라고 생각했다고 했다. 그런데 자신에 대해 검토하고 성격적인 문제를 찾아보고 그 문제들을 해결해나가려고 노력하는 동안, 접시가 결코 새 접시가 될 수 없다는 사실을 깨달았다고 했다. 이미 이가 빠지고, 군데군데 무늬도 벗겨진 그 접시는 더이상 어쩔 수 없다는 것을 알게 되었다고 했다.

어느 순간 끔찍해서 버려버리고 싶고, 새로운 접시가 있어야만 살아갈 수 있다고 여겼던 자신의 생각이 틀렸다는 것을 알았다고 한다. 그리고 힘든 세상을 어렵게 살아온 그 접시가 너무도 애련하고 안타깝고 사랑스러워졌다고 했다. '아! 회복해간다고 이전의 접시가 새 접시로 바뀌는 것이 아니었구나. 세상에서 가장 소중한 것은 '나'라는 접시였구나. 더 아끼고 돌봐야 하는 것이구나!'라는 생각이 드는 순간 정신이 번쩍 들었다고 했다. 지금 퇴원한 지도 벌써 꽤 되었다. 많은 알코올중독자들이 그가 한 것처럼만 삶에 임했으면 좋겠다.

우연이 아닌 선택이 운명을 결정한다.

- 진 니데치 -

8단계부터 10단계까지는 우리의 노력을 강조한다. 1단계에서 우리는 처절한 모멸감을 겪었다. 삶의 경영에 실패했다며 파산을 선고받았다. 자신의 인생에 대한 경영에서 손을 떼고 다른 이에게 맡기라는 지시였다. 하지만 이제 8단계에서는 다시 현장으로 복귀하라고 명령한다. 우리의 삶의 책임은 결국 스스로 질 수밖에 없다. 하지만 '나'라는 이름의 파산한 회사를 회생시키기 위해서는 절차가 필요하다. 이제 문제점을 확인했으면 교정해야 한다. 마음과 몸을 다해서 노력해야 하고, 과정 중에 혹여 실수가 있다면 바로바로 수정해나가야 한다. 결실은 책임감 있게 노력한 사람에게 주어지는 몫이다.

3

진정한 노력이 건강한 회복을 부른다

중독자들의 성격 중 흔한 특징이 '남 탓'과 '합리화'다. 자신의 문제를 인정해도 그 원인은 자신에게 있지 않았으며 어쩔 수 없었다는 주장을 한다. 남 탓을 계속하는 한, 중독의 악순환에서 벗어날 수 없고 다른 사람과는 계속 담만 쌓게 된다. 하지만 지금까지 객관적인 검토를 통해 이제 자신의 문제를 깨달았다. 설사 내가 피해 본 것이 있다고 하더라도, 내가 피해 준 것을 생각해야 타인이나 사회와 화해할 수 있다. 세상으로부터의 고립에서 탈피하기 위해서는 화해를 위한 준비가 필요하다.

8단계

—

보상할 용의

"우리가 해를 끼친 모든 사람의 명단을 만들어서 그들 모두에게 기꺼이 보상할 용의를 갖게 되었다."

'해를 끼친 모든'

술로 인한 문제는 정말 다양하다.
과도한 음주로 신체적 질병이 생기고 몸이 쇠약해지는 것만이 아니라,
집이나 술집에서 난동을 부리고 음주운전으로 인한 사고도 적지 않게 발생한다.

어디까지를 '우리가 해를 끼친 모든 사람'이라고 정의할 수 있을까? 술에 취한 나의 주정을 밤마다 받아주느라 고생했던 우리 가족일까? 술 마시고 지각하거나 무단 결근한 내 자리를 대신해 일을 해야만 했던 과거 내 직장의 동료들일까? 술 마시고 술값을 제대로 내지 않아 문제가 되었던 술집 주인일까? 늦은 밤 술에 취해 귀가하며 동네를 시끄럽게 할 때마다 참아주었던 이웃집 사람들일까? 인사불성인 나를 태우고 우리집을 찾아 동네방네 함께 돌아다녀주던 택시 운전기사는 어떨까? 거나하게 취해 지하철에서 널부러져 있을 때, 불쾌함을 무릅쓰고 내 옆자리에

앉을 수밖에 없었던 이름 모를 그 사람도 포함시켜야 할까? 오늘 밤에도 혹시 있을지 모를 음주운전자를 계도하기 위해 단속하러 나온 경찰들은 어떨까?

다음은 어떤 40대 환자의 이야기다. 어린 시절 가난했던 그가 가지고 있는 국민학교 때의 기억은 검정 고무신을 신고 시냇가에서 뛰어놀던 정도가 다였다. 그런데 가끔 아버지가 술을 많이 드시고 오시면 모든 식구들을 때렸다고 한다. 어머니와 누나, 그리고 그 환자는 이유도 모른 채 맞았고, 결국에 어머니는 옆 동네 이모님댁으로 피신하고, 환자와 누나는 아버지가 지쳐 쓰러져 잠들기를 기다리며 놀이터에서 밤새 있었다.

국민학교 5학년 때 '이혼'을 알았다고 한다. 알고 난 뒤부터는 어머니도 미워졌다. 하루빨리 이혼해서 아버지로부터 우리를 벗어날 수 있도록 해주지 않는, 무책임해 보이는 어머니를 당시에는 도저히 이해할 수 없었다. 그래서 그는 나쁜 친구들과 어울리기 시작했다. 학교도 안 가보고, 애들 물건을 빼앗기도 하고, 술도 마시고, 가출도 해보고, 이런저런 사고도 쳤다. 대학은 못 갔지만 세차장에서 아르바이트를 하며 당시에는 제법 돈도 벌었다. 하지만 자신의 인생에서 받은 첫 월급도, 부모님께 내의 한 벌을 사드리기는커녕 남들 앞에서 한 턱 크게 쏘고 으스대는 것으로 대신 써 버렸다고 한다.

그렇게 싫었던 아버지가 작년에 돌아가셨다. 기독교를 믿는 누나와 장례절차에 대해 다투면서, 기도하러 와주신 교회분들에게 물건을 집어던지며 욕하고 집으로 와버렸다. 그러고는 이후의 장례식에는 가보지 않았다. 부인과 애들도 가지 못하게 했다. 여전히 아버지가 미웠고 이렇게 된 게 모두 아버지 탓 같았다. 지금도 납골당이 집에서 차로 이동하면 10분 거리도 되지 않는 곳에 있는데, 일년에 한 번 가볼까 말까 한다. 이래서는 안 된다 싶긴 하지만, 마음대로 안 된다.

대학생과 고등학생인 두 아들은 돈만 벌어다 주면 알아서 잘 크는 줄 알았다. 하지만 술 마시고 하는 내 행동 때문에, 둘째는 벌써 수개월째 정신과에서 치료중이다. 이제야 그 자신도 아버지 같이 행동하고 있었다는 것을 알고 아들에게 너무 미안했다. 자신은 피해자인 줄로만 알았는데, 어느새 가해자가 되어 있었던 것이다. 아버지가 다시 생각난 그는 퇴원하면 바로 납골당에 가보려고 한다며, 이제는 실컷 울 수 있을 것 같다고 말했다.

이 환자는 누군가에게 자신이 해를 끼치고 있었다는 것을 그의 아버지와 아들을 통해 배웠다. 그러나 우리 때문에 마음이 아픈 사람들은 세상에는 훨씬 더 많이 있다. 우리가 미처 생각하지 못했던 상황까지도 계속적으로 고민하고 되돌아봐야 한다.

1775년(영조 31년), 당시 한 달 이상 지속된 장마로 그해 농사는 심한 흉작이 들었다. 이에 영조는 다시 한 번 금주령禁酒令을 내리고, 술을 좋아하는 자신도 금주를 선언했다. 농경이 국가의 근본이었던 시절에 흉년은 나라의 흥망이 달린 일이었기 때문에 계주윤음戒酒綸音을 반포하며 귀중한 곡식을 술을 빚는 데 낭비하지 말라고 했다. 하지만 백성이 굶어죽든 말든 술을 빚는 사람이 있었으니, 그 시절 박문수와 같은 암행어사들의 주된 업무 중 하나가 바로 금주령에 대한 단속이었다. 당시 음주는 가난한 백성들의 희생 없이는 불가능한 일이었다. "마시고 싶은 술을 마시는 게 뭐가 그리 큰 대수냐."라고 당시 양반들이 하소연할지 모르지만 임금에게는 나라의 존망까지 걱정해야 할 문제였다.

그 시대의 음주는 중독으로 인한 문제는 아니었다. 요즘 주당들처럼 매일같이 소주 몇 병씩 마시는 음주자들에 대한 고민은 아니었던 것이다. 주취폭력이나 음주 후 풍기문란으로 인한 문제가 아니라 술을 좋아하는 한량들 때문에 가난한 나라 살림이 축나는 것이 문제였다.

반면 미국이나 유럽의 금주법은 풍요의 결과였다. 19세기 미국이나 유럽은 그야말로 최고의 번성기를 누렸다. 산업혁명으로 생산은 증가하고, 필요한 물자나 노동력은 식민지에서 손쉽게 조달할 수 있었다. 공업생산뿐만 아니라 식량의 생산도 비약적으로 증가했다. 사람들은 그저 누리기만 하면 되었다. 남아도는 식량은 술을 만들기에 충분했다. 눈에 보이는 성공은 축하하고 즐기기에 충분한 이유를 제공해주었다. 결국 과다한 음주는 폭력적인 사회적 병폐를 만들었고 덴마크나 노르웨이, 핀란드, 그리고 미국 등에서 종교적인 쇄신 운동과 함께 금주법이 발효되었다. 지금은 이슬람권 국가들 이외에는 모두 폐지되었지만, 금주법의 폐지가 곧 음주를 장려하는 방향으로 정책이 바뀐 것은 아니다. 대부분의 국가에서 술의 공급과 소비에 대한 통제는 여전히 하고 있으며, 최근 세계보건기구WHO에서도 건강증진 사업으로 음주 문제 해결은 반드시 필요한 과제로 추진하고 있으며, 다양한 국제협력사업도 진행하고 있다.

술로 인한 문제는 정말 다양하다. 과도한 음주로 신체적 질병이 생기고 몸이 쇠약해지는 것만이 아니라, 집이나 술집에서 난동을 부리고 음주운전으로 인한 사고도 적지 않게 발생한다. 또 자신이 의도하지 않더라도 소중한 가족의 인생을 송두리째 망가뜨려 버리기도 한다. 이러한 개인적인 영향도 엄청나지만, 경우에 따라 개인이 아닌 사회 경제가 술 때문에 피폐해지기도 한다.

미국의 기상학자인 로렌즈가 '브라질에서의 한 나비의 날갯짓이 텍사스에 돌풍을 일으킬 수도 있는가?'라는 제목의 강연을 하며, 사소한 사건 하나가 나중에 커다란 효과를 가져올 수 있다는 의미로, 이를 '나비효과'라고 이름 붙이고 이야기를 한 적이 있다. 술을 마시고 싶어서 무심결에 한 행동, 술에 취해 본의 아니게 한 실언이 자신은 물론 내 주변 사람과 가족들에게 얼마나 지대한 영향을 미쳤는지 돌아보고 또 돌아봐야 할 때다.

주먹을 꽉 쥔 손과는 악수를 할 수 없다.

- 마하트마 간디 -

'기꺼이'

•
•
•

8단계에서 이야기하는 보상이란 누구를 위해서 하는 것일까?
보상을 위한 노력은 사실 자신을 위한 것이다.
즉 단주를 하는 이유는 자신을 위해서다.

'알코올중독자들이 술을 끊는 이유는 누구를 위해서일까?'

병원을 처음 찾는 많은 남성분들은 부인의 등쌀에 어쩔 수 없이 떠밀려오는 경우가 많다. 술을 많이 자주 마시기는 하지만 주변에 있는 사람들 또한 자주 마신다고 생각해, 자신에게 음주 문제가 있다고 쉽게 인정하지 않는다. 그럼에도 불구하고 부인이나 자식들이 하도 잔소리를 해대니 어쩔 수 없이 병원에도 따라오고 술을 안 마셔보겠다고 약속도 해본다. 이런 분들에게 술을 끊는다는 것은 주변의 강요에 의한 것이며, 속으로는 '그래, 너희들이 마시지 말라고 하니 당분간은 참아보겠다. 너희들 때문에 내가 희생하는 마음으로 꾹꾹 견뎌보겠다.'라고 생각한다. 단순히 가족들의 압박에 힘겹게 고생하는 희생자일 뿐이다. 즉 이들의 마음속에서 자신은 불쌍한 희생자이며, 가족은 가해자인 것이다. 문제의 본말을 전도하는 이러한 태도로는 결코 단주를 유지할 수 없다. 흔히 이야기하는 '생단주'만을 어렵게 이어가다가 강요된 희생이 억울하게 느껴지는 순간, 이들은 바로 가족을 탓하며 음주를 시작한 것이다.

단주를 하는 이유는 자신이 건강해지기 위해서이며, 자신이 행복해지기 위해서다. 술을 마시지 않음으로써 간 기능이 좋아지는 것도 자신의 이득이며, 부인과의 갈등이 해소되고 금술이 좋아지는 것도 자신의 이득이다. 맑은 정신으로 출근해서 성실히 근무하고 성과를 얻을 수 있는 것 또한 자신의 이득이다.

그럼 8단계에서 이야기하는 '보상'이란 누구를 위해서 하는 것일까? 그동안 우리가 술을 마시고 저지른 잘못 때문에 다른 사람의 용서를 받기 위해 어쩔 수 없이 해야 하는 의무일까? 나 때문에 고생한 사람들에게 내가 속죄를 하기 위해 받아야 하는 일종의 처벌일까? 나 때문에 힘들었던 가족들을 위해 하기 싫어도 어쩔 수 없이 해야 하는 강요된 희생일까?

많은 알코올중독자들이 회복의 길을 가려는 마음을 먹고 12단계에서의 덕목을 하나하나 실천해 나가면서도, 사실 자신이 가고 있는 그 길이 누구를 위한 것인지 확신이 없는 것 같다. 단주를 유지하고 온전한 생활을 향해 애쓰고 있는 자신의 노력이 얼마나 고생스러운 것인지, 얼마나 많은 에너지를 들이고 있는 수고인지 사람들이 알아주기를 원한다. 술을 마시고 지내던 지난 시절의 잘못에 대한 댓가를 치르고 있는 상황이기에 자신의 노력에 더 높은 값어치를 매기고, 가능한 한 빠른 시간 내에 부채를 청산할 수 있기를 기대한다. 그래서 회복이라는 이름으로 자신이 하고 있는 지금의 엄청난 희생을 다른 사람들이 알아주기를 기대하고, 만일 자신이 하는 노력에 대해 제대로 관심을 보이지 않고 그 가치를 인정해주지 않는다면 분노한다.

그러나 누가 알아주기를 원하며 행동하는 노력은 상대가 알아주지 않으면 쉽게 그만두어버린다. 다른 사람의 반응에 따라 행동이 결정된다면, 이는 진심 어린 노력이라고 할 수 없다. 내가 지금 하고 있는 이 노력은 '해야 하기' 때문에 하는 것이지, '보여주기' 때문에 하는 것은 아니다. 그리고 '해야 하는' 그 이유는 다름 아닌 나의 회복이다.

보상을 위한 노력은 사실 자신을 위한 것이다. 주변 사람들을 괴롭혀왔던 자신의 과거 때문에 가장 큰 상처를 입은 사람은 자기 자신이다. 자신의 욕구를 채우기 위해 타인에게 희생을 강요하고, 나 때문에 아파하는 가족의 고통을 애써 무시하며 오히려 모든 아픔의 이유를 가족에게 되돌려버리는 자신의 비겁한 행동 때문에 양심은 쓰라렸고 수치심에 치를 떨었다. 그리고 이를 잊기 위해 다시 술을 마셨다. 그래서 보상은 궁극적으로 나를 위한 작업이다.

하지만 당연히 나에 대한 보상은 나의 주변 사람들과 세상을 위한 보상이 다 마무리된 이후에 자연스럽게 주어질 보상이다. 가족 · 지인 · 사회를 위한 보상보다 앞서 나를 위한 보상만을 생각한다면, 이는 완전히 앞뒤가 바뀐 일이다. 술을 끊겠다고 말하면서 가족의 변화부터 요구하는 경우를 흔히 본다. 물론 가족에게도 지닌 아픔이 있고, 그 때문에 건강하지 못한 문제점이 있을 수 있다. 이 경우 우리의 음주 문제와 가족 문제가 얽혀 있는 것이 대부분이다. 무엇이 먼저 해결되어야 하는지 혼란스러울 수도 있지만 해답은 분명하다. 내가 바로잡고 고칠 수 있는 문제는 '내 문제' 뿐이다. 설령 문제가 있는 가족들이라도 그들에게 우리는 먼저 보상을 하고 다가가야 한다. 이것을 가로막고 있는 내 고집을 꺾어가면서 다가가려는 이러한 노력은 당연히 언젠가 자연스러운 보상으로 다가올 것이다.

어린 시절 어린이날 받고 싶은 선물이 있었다. 하지만 항상 내가 원하는 선물을 받게 되는 것은 아니었다. 부모님이 줄 수 있거나 주고 싶은 선물을 받게 되는 것이 일반적이었다. 요즘도 아이들이 받고 싶은 선물 1순위는 스마트폰이라고 하지만 많은 학부모들은 스마트폰보다는 책이나 옷을 선물해주고 싶어한다. 우리 알코올중독자들은 12단계를 통해 성숙해지려고 한다. 내가 받고 싶은 보상보다는 위대한 힘이 나에게 주고 싶은 보상을 감사하고 기꺼이 받을 수 있었으면 좋겠다.

때로는 기쁨이 미소의 근원이기도 하지만,
때로는 미소가 기쁨의 근원이 되기도 한다.
- 틱낫한 -

'명단'

•
•
●

명단을 만드는 작업은 어쩌면 나의 삶을 제대로 돌아보는 작업이다.
내가 붙들고 있는 그 기억과 기억 속의 그 사람은
과연 사실에 입각한 그날의 기억이고, 진정한 그 사람의 모습일까?

벌써 15년도 더 된 것 같다. 외가 쪽으로 오촌쯤 되는 분의 환갑 잔치에 갔었다. 그분은 여러 번 낙방 끝에 사법고시를 합격하시고 판사로 십수년을 재임하셨다. 그리고 은퇴 후 변호사로 활동하셨다. 지금은 좀 덜하지만 그 당시만 해도 의례히 큰 식당을 빌려 각설이 패도 부르고, 노래방 기계도 대여해서 회갑연을 하는 경우가 많았다. 그분은 가까운 가족 약 30명만 한식당에 모셔서 정갈한 음식을 대접하는 분위기로 회갑을 치르셨다.

그때 참 기억에 남을 만한 순간이 있었다. 회갑연 말미에 그분께서 그동안의 삶을 술회하는 형식으로 마이크를 잡으시고 "내가 한 평생 참 잘 산 것 같다."라고 말씀하셨다. 그다음 말씀이 정확히는 잘 생각나지 않을 정도로, 그 말 한마디가 내게는 큰 충격이었다. 과연 어떻게 하면 자신의 삶을 남들 앞에서 잘 살았다고 자신 있게 말할 수 있을까?

명단을 만드는 작업은 어쩌면 나의 삶을 제대로 돌아보는 작업이다. 우리 삶에서 기억나는 일들은 대부분 사람들과 얽혀 있다. 그리고 그 사람들에 대한 기억이 예전의 '나'만이 아니라 지금의 '나'까지도 사로잡고 있다. 그런데 내가 붙들고 있는 그 기억과 기억 속의 그 사람은 과연 사실에 입각한 그날의 기억이고, 진정한 그 사람의 모습일까?

류시화 시인의 '그대가 곁에 있어도 나는 그대가 그립다'라는 시가 있다. 내가 그토록 바라던 그 사람이 내 곁에 있는데, 도대체 왜 그 사람이 그리운 걸까? "어린 시절의 첫사랑을 나이가 들어서 만나면, 되려 환상이 깨져버려 속이 상하다."라는 이야기를 들은 적이 있을 것이다. 내가 그리던 그 사람은 실제로 존재하는 사람이 아니라, 내 마음속에 담아두었던 내가 만든 그 사람의 그림자다.

내가 기억하는 학창시절 선생님의 모습은 실제 그분의 모습일까? 아니면 내가 간직하고 싶은 그분의 모습일까? 의심할 여지없이 내 기억 속 그분의 모습은 내가 만들어놓은 가상의 존재다. 정신분석 이론에서는 이를 '내재화된 대상'이라고 한다.

우리는 보상할 사람들의 명단을 만들 때, 기존에 우리가 기억하고 있는 상대방에 대한 기억이나 감정을 기초로 한다. 내가 그 사람에게 했던 행동과 말, 그리고 그 사람이 나에게 했던 반응 등의 자료들을 기반으로 나에게 해를 끼친 사람과 내가 해를 끼쳤다고 생각되는 사람들을 구분하고, 그들에 대한 미안함과 안타까움, 원망과 분노 등을 저울질한다. 내가 잘한 것도 있지만 죄송한 것도 있고, 그 사람이 너무한 것도 있고, 그 사람 때문인 것도 있다. 그런데 분명한 것은 이 모든 상황에 대한 증인은 '나' 혼자라는 것이고, '나'라는 증인은 결코 객관적이지 않다. 경우에 따라서는 내 기억이 사실과는 거리가 있을 수도 있다.

사람들을 떠올릴 때 중요한 점은 결코 나만의 일방적인 관점으로 진행해서는 안 된다는 것이다. 아무리 내가 명확히 기억하는 사실이라고 할지라도 다시 한 번 입장을 바꾸어 고민해야 하며, 다른 사람의 기억이나 의견을 들어야 한다.

가장 가깝다고 생각하는 아버지나 어머니만 해도, 그분들의 입장에서 곤란할 일까지 자식들에게 시시콜콜 이야기하고 행동하지는 않으셨을 것이다. 차마 아들이나 딸에게 말하지 못해 그들의 오해를 살 만한 일도 많으셨을 것이다. 예를 들어 매일 술을 마시고 들어와서 행패를 부리시던 아버지도 역시 할아버지의 주사酒邪로 고통받던 희생자일 수 있다. 아버지의 행패에 맞서지 못하고 희생만 당하셨던 어머니 또한 술주정뱅이었던 그녀의 아버지를 모질게 대한 죄책감이 그녀의 삶을 짓누르고 있었을 수도 있다.

명단이 제대로 만들어졌는지는 결국 자신이 최종적으로 검토할 수밖에 없다. 검토에 검토를 거듭해 미심쩍은 구석이 있으면 수정해야 한다. 알코올중독 환자를 처음 병원에 입원시킨 가족들은 무척 불안해한다. 퇴원시키고 나면 복수를 하지 않을까 하는 두려움 때문이다. 하지만 이 가족들의 마음은 한결같다. 알코올중독이라는 끔찍한 질병에서 회복되어, 예전의 그 모습으로 가족의 품에 돌아오기를 바라는 것이다. 입원중에는 가족이 괘씸하고 원망스럽지만, 실은 미안해하고 고마워해야 하는 대상인 것이다. 가족의 동일한 행동이 내 마음가짐에 따라 완전히 달리 느껴질 것이다.

제대로 명단을 완성하고 이들에게 보상하려는 노력을 시작할 때, 또 한 걸음 회복에 다가섰다고 할 수 있다. 이렇게 한 발짝 더 내가 속한 사회에 당당하게 다가서며 나에게 소박한(?) 꿈이 생졌다. 언제일지는 모르지만 이 세상을 사는 마지막 날, 내 자신에게 "자식. 잘 살았구나. 수고했다."라고 말하고 마무리하고 싶은 꿈이다.

생에 크고 작은 인연이란 따로 없다.
우리가 얼마나 크고 작게 느끼는가에
모든 인연은 그 무게와 질감, 부피와 색채가 변할 것이다.
운명이 그러하듯 인연의 크고 작음 또한
우리들의 마음먹기에 달린 것이 아닐까?

- 『인연』 (최인호 지음) 中 -

'용의'

•
•
•

알코올중독에서 회복되어가는 길은
고립으로부터 탈피하는 과정이다.
우리가 다시 떳떳하게 세상에 나서기 위해 거쳐야 할 관문이다.

참으로 미스테리 같은 일이다. 많은 알코올중독자들에게 술을 끊지 못하는 이유가 무엇인지 물어보면, 어떻게 술 없이 사회생활을 할 수 있느냐고 반문한다. 하지만 치료를 받으러 오기 전에 그들은 혼자 술 마시는 습관이 당연했다.

술을 왜 혼자 마시게 되었을까? 자신이 마시는 만큼 같이 마셔줄 사람이 없어서 그랬다. 자신이 충분하다고 느끼려면 밤을 새워가며 계속 마셔야 하는데, 사람들은 그 전에 집에 가려고 한다. 나는 아직 배가 고픈데, 다들 이미 배가 부르다고 하니 혼자라도 더 마실 수밖에. 그리고 사람들이 내가 술을 마시는 것에 간섭하기 시작하면 혼자 마신다. "술 그만 마셔라." "술 줄여라." "급하게 마시지 마라." "무슨 소주를 벌컥벌컥 마시냐." 등등 내가 술 마시는 행동거지 하나하나에 간섭하는 사람들과 함께 술을 마시는 것은 무척이나 번거로운 일이다.

또한 술을 마시다가 실수를 몇 번 반복하면, 밖에서 술을 마시기보다는 어느 방구석에 틀어박혀 밖에 나오지 않고 술을 마시는 것이 오히려 사고를 피할 수 있다고 여기기도 한다. 음주운전을 하거나 술자리에서 타인과 싸우거나 하지 않으려면, 그냥 모텔 잡아서 혼자 양이 찰 때까지 부어넣는 것이 차라리 편했다. 어떤 경우에는 다른 사람이 내가 술을 마신다는 사실을 몰라야 하기 때문에 혼자 마시기도 했다. 간경변이 있거나, 당뇨가 심하거나, 고관절 수술을 했거나 해서 절대로 술을 마시지 말아야 한다는 소리를 들은 경우, 내가 다시 술을 마시는 것을 가족이 허락할 리가 없었다. 술을 마시는 것은 다른 사람이 절대로 눈치채지 못해야 하는 극비 사항이었다. 그래서 담배를 사러 간다고 말하고 편의점에 가서 소주를 한 병 사가지고는 구석에서 한 병을 그대로 입 안으로 털어넣었다. 순식간에 술을 마실 것이라고 의심받지 않을 정도의 찰나와 같은 순간에 마치 첩보 작전과 같이 술을 마셨다. 그러고는 시치미를 뚝 뗐다.

다른 사람과 어울려 술 마시는 것을 포기하고 혼자 술을 마시는 것을 선택한 순간부터 우리는 이미 사회로부터 멀어지기 시작한 것이다. 남들의 눈을 피해야 하는 이유가 생겼기 때문에 세상 어느 누구도 몰라야 하는 비밀이 생긴 것이다. 어느 누구도 이런 고통스러운 비밀을 지키기 위해 절치부심하는 나의 고통을 이해해주지 못했다. 비밀은 벽을 쌓았고, 우리는 그 벽 뒤로 숨어들었다.

지금까지 우리는 우리가 지닌 외로움이 우리의 고통을 이해해주지 못하는 세상에 있는 줄 알았다. 우리를 비난하고, 구석으로 몰아세우며, 불합리한 세파世波 때문에 스스로가 희생당하고 있다고 믿었다. 그리고 술은 우리를 위로해주는 진정한 친구라고 생각했다. 하지만 이런 행동은 모두 핑계였으며, 남몰래 술을 마시고자 하는 의도로 비밀의 벽은 계속 높이 쌓이기만 했었다.

동네에 건달이 한 명 있었다. 껌 좀 씹고, 침 좀 뱉고, 사고 쳐서 파출소에도 가면서 자신의 존재감을 확인하는 그런 사람이었다. 많은 사람들이 그를 무서워했고, 그는 그것을 즐겼다. 하지만 어느 순간 그는 자신의 주위에 사람이 없다는 것을 느꼈다. 외로웠다, 그래서 사람들에게 다가갔다. 하지만 사람들은 그를 피했고 외면했기 때문에 조용히 지내보기로 했다. 아무 사고도 치지 않고, 목소리도 크게 내지 않으며, 사람들과 어울려보기로 했다. 그러자 마음이 통하는 친구도 생기고, 걱정해주는 사람도 생겼다. 한편으로는 팔다리가 근질근질하고 가끔은 옛날이 그리울 때가 있다. 내가 호통을 치면 모든 사람들이 벌벌 떨었지만, 그래도 지금이 좋다. 사람들과 함께 있기 때문이다. 어쩌면 알코올중독에서 회복되어가는 길은 고립으로부터 탈피하는 과정일지 모른다. 우리가 다시 떳떳하게 세상에 나서기 위해 거쳐야 할 관문이다.

단군신화를 빌리자면 우리는 호랑이나 곰이다. 하지만 지금은 사람이 되고 싶다. 100일 동안 쑥과 마늘만 먹으면서 동굴에서 지내야 한다. 곰은 견뎠고, 호랑이는 뛰쳐나갔다. 사람으로 살기 위해서 우리는 곰이 될 것인가? 호랑이가 될 것인가?

우리를 조금 크게 만드는 데 걸리는 시간은 단 하루면 충분하다.

- 파울 클레 -

보상할 용의를 가지고 명단을 정리하다 보면, 다른 사람에 대한 나의 허물이 제대로 드러난다. 마음가짐을 바꾸었으면 실천으로 이어져야 한다. '보상'이라면 거창하게 뭔가를 해줘야 할 것 같지만, 사실 거창할 필요는 없다. 어떠한 방식으로든 보상을 하려는 태도는 과거에 이기적인 욕심에서 벗어나 타인들의 행복에도 관심을 갖는 것을 의미한다. 다른 사람의 행복을 위한 소소한 실천에서 보상은 시작된다.

9단계

—

보상의 실천

"어느 누구에게도 해가 되지 않는 한, 할 수 있는 데까지 어디서나 그들에게 직접 보상했다."

'보상'

•
•
•

9단계에서의 보상은 죗값을 이야기하는 것이 아니다.
9단계를 읽고 있는 마음 한구석에 '보상'이라는 단어를 마주하고
'죗값'이라는 의미를 떠올린다면, 멀어도 한참 멀었다.

병동에 입원을 처음 하는 일부 환자들은 마치 자신들이 교도소에 들어와 있는 것처럼 말한다. 어찌 보면 그럴 것이 초기 얼마간은 전화와 면회가 차단되기도 하는 것은 물론이요, 당연히 병동 밖을 나가는 것이 제한되기 때문이다. 자유가 구속되어 있으며, 자신이 원해서 들어온 것도 아니니 당연히 교도소라고 느낄 만하다.

그렇게 느끼는 더 근본적인 이유는 자신이 잘못한 점이 있어 어쩔 수 없이 병원에 있기 때문이다. 가족이나 지인에게 난폭하게 행동했거나, 지나가는 행인과 시비가 붙어 폭행사건에 휘말렸

거나, 음주운전으로 인해 사고를 내놓고 일단 치료부터 받고자 보호자들이 병원에 입원시켜 놓았기 때문이다. 그러나 병동에 가족이나 사회적인 압박 때문에 어쩔 수 없이 입원해 있으면서도, 사실 자신의 음주 문제를 해결해야겠다는 생각보다는 잘못을 했으니 죗값을 치르겠다는 생각이 머릿속에 많다.

그러나 자신이 입원한 곳이 병원이 아니라 교도소나 구치소가 되면 상황은 갑갑해진다. 할 수 없이 입원해 있기는 하지만 알코올중독이라는 질병을 치료해 호전된 상태로 퇴원할 생각보다는 어떻게 하면 나갈지에 대한 생각이 마음을 지배하며, 자신이 치루어야 할 죗값을 입원으로 환산하면 얼마나 걸릴까, 그래서 입원한 지 며칠이나 되었을 때 보호자들에게 퇴원 이야기를 해야 가장 자연스럽고 적절할까 하는 생각만 한다. 그러면 이곳에서 자신이 겪는 하루하루는 그저 잘못을 변상하기 위해서 지불하는 시간일 뿐, 금주와 온전한 삶을 위한 회복의 기간이 되기 어렵다.

병원은 결코 교도소나 구치소가 아니며, 그렇게 되어서는 절대로 안 된다. 자신의 잘못이 병원에 입원해 있다는 그 자체만으로는 해결되지 않는다. 지금까지의 잘못이 변상될 수 없으며, 거래될 수도 없다. 더 큰 문제는 이런 생각을 하는 환자들은 자신의 문제가 무엇인지도 잘 모른다. 그저 술 마시고 좀 소란스럽게 했던 기억, 술 마시고 경찰이 몇 번 왔다간 기억, 대수롭지 않은 음주운전, 남몰래 우시던 어머님의 눈물, 배우자나 자녀들의 고통, 내가 저지른 사고 때문에 충격에 빠진 음주운전 사고의 피해자 가족 등은 안중에도 없다.

9단계에서의 보상은 이러한 죗값을 이야기하는 것이 아니다. 9단계를 읽고 있는 우리 마음 한구석에 아직도 '보상'이라는 단어가 마주하고 '죗값'이라는 의미를 떠올린다면, 멀어도 한참 멀었다. 보상은 훨씬 적극적인 노력이며 자발적인 반응이다. 요즘 학생들은 학습활동 이외에도 봉사활동을 하라고 요구받는다. 봉사활동을 장려하기 위한 정책으로 시작했겠지만, 많은 학생들에게 봉사는 그저 봉사점수를 따기 위한 형식적인 과정일 뿐 대상자에 대한 애정과 자신의 희생이 어우러진 진정한 봉사를 찾아보기란 힘들다. 만일 우리가 '보상'을 '죗값'이라고 여기고 있다면, '봉사'를 '점수'로 여기고 있는 학생들과 전혀 다를 바가 없다.

보상이 마치 '죗값'으로 느껴지기 때문에, 가끔 우리는 보상을 위한 내 노력이 정당하게 평가받고 있는 것인지 의심한다. 내 자신이 많은 것을 희생하면서 뼈 빠지게 노력하고 있는데, 가족이나 주변에서 내 노력을 제대로 알아주지 않고 고마워하지 않으면 어떻게 하나 하는 걱정에 사로잡힌다. 보상을 위해 이 정도 노력했으면 상대방이 "수고했어요. 이제 보상 그만해도 되니 마음대로 사세요."라는 말을 할 법도 한데, 내가 하고 있는 보상에 대해 일언반구 말도 없고, 그 수고도 제대로 알아주지 않으니 섭섭함마저 느낀다. 심지어는 내가 이렇게 보상하는 것이 무슨 소용이 있나 싶기까지 해서 지쳐버린다.

보상은 절대로 거래하는 재화가 아니다. 나의 보상은 '어느 누구에게 얼마만큼 하면 충분히 적당한 수준이다.'라고 스스로 규정 짓는 것이 아니다. 술과 함께하며 수년 혹은 수십년간 묵히고 묵혔던 미안함과 죄책감을 털어내기 위한 과정이다. 9단계에서의 우리는 가족에게, 주변 사람들에게, 그리고 이 사회에게 많이 미안해야 한다. 강요된 미안함이 아니라 정말 미안해야 한다는 생각이 자연스럽게 우러나야 한다. 그리고 다시금 자신을 받아주는 이들에게 감사해야 한다. 부끄러운 과거에서 벗어나 떳떳하고 당당하게 살기 위해서 치루어야 하는 숭고한 의식인 것이다. 그리고 정말로 부끄러움 없는 사회인이라고 양심껏 자부할 수 있을 바로 그날, 이 숭고한 작업은 마무리될 것이다.

친절한 말은 간단하고 짧은 말일 수 있어도,

그 메아리는 진정 끝없는 것이다.

- 테레사 수녀 -

'할 수 있는 데까지'

•
•
●

8단계에 이르기까지 그 보상이 진실되기 위한 준비를 했다면,
9단계에서는 그 보상이 진정성을 가지고 이루어질 수 있도록
최선의 노력을 다할 뿐이다.

병동에 입원한 한 환자는 이전에 장사를 하며 한푼 두푼 모아가며 열심히 살았던 사람이다. 그런데 약 10여년 전 쯤 가게를 확장하려고 어렵사리 모아둔 돈 천만 원을 부인이 환자 몰래 처남에게 빌려주었다가 받지 못하는 일이 생겼다. 새롭게 사업을 시작하는 처남에게 급하게 자금이 필요했었고, 부인은 평소 성실한 동생을 좀 도와주려고 했던 것일 뿐 어느 누구도 악의는 없었다. 물론 남편과 상의하고 일을 진행했으면 좋았겠지만, 수일 내에 자금을 회수할 수 있을 것이라고 생각해 굳이 예민한 남편을 자극할 필요까지는 없다고 여겼다. 그런데 그 일이 틀어져버렸다.

얼마 안 있어 남편은 돈이 빈 사실을 알았고, 결국 이혼 이야기까지 나올 정도로 상황은 심각해졌다. 하지만 천성이 선한 부인의 마음을 알고 아이들 양육 문제도 있었던 데다 원래 부부 관계가 나쁜 것도 아니었기에, 부인의 진심 어린 사과를 받아들이기로 했다. 그리고 다시는 그 이야기를 꺼내 서로 상처주지 않기로 약속까지 했다.

그러나 잊었다고 생각했던 그 일이 술만 마시면 바로 어제 일처럼 또 떠올라 속이 상했다. 어느새 그 이야기는 술만 마시면 타령처럼 읊어대는 단골 메뉴가 되어버렸다. 다시는 꺼내지 않겠다고 마음속으로는 몇 번씩이나 다짐하는데, 술만 마시면 자기도 모르게 입 밖으로 튀어나왔다. 이번에도 몇 주간 단주를 유지하다가 동료들과 함께 한 회식 자리에서 술을 마시고 말았다. 술을 마시고 귀가한 남편에게 부인은 싫은 소리를 할 수밖에 없었다. 그런데 바로 남편은 "네 년이 우리 집 살림 다 너희 집에 빼돌리니 내가 어떻게 술을 마시지 않을 수 있겠냐."라고 맞받아쳤고, 그 길로 부인은 집을 나가버렸다. 이 남자는 부인의 뒤통수에 입에 담기 힘든 욕을 퍼부었고, 분을 삭힌다며 며칠간 술을 더 마셨다. 그러다 몸을 가누지 못할 정도가 되어 입원을 했고, 결국 현재는 자신의 재발에 대해 후회하고 있다.

많은 중독자들은 자신이 억울하다고 생각한다. 사실 중독자들에게는 술을 마실 수밖에 없는 다양한 이유가 있었다. 술 마신 것을 부정하지는 않지만, 자신이 술을 원했던 것이 아니라 상황이 그렇게 만들었다고 주장한다. 부인이 나를 무시했고, 상사가 내 무능력을 비난했고, 부모님이 나를 괄시했고, 아이들이 나에게 존경심을 보이지 않았다는 것 등이다. 하지만 사실 이러한 이유들은 핑계에 불과하다. 그리고 어쩌면 술을 마신 그 자체보다 자신의 음주를 정당화할 수 있는 핑계를 찾는 반복된 언행이 더 큰 문제라고도 생각할 수 있다.

술을 마신 것도 문제지만 사실은 다른 사람을 모함하고 괴롭히며, 그 사람의 약점을 이용하고, 이 모든 상황을 술 마신 핑계로 만든 것이 중독자들이 가진 심각한 문제였다. 즉 술을 마셨다는 문제보다 그 상황에서 자신이 술을 마실 수밖에 없었음을 입증하기 위해 가족이나 주변 사람들을 나쁜 사람으로 만들어버리는 것이 문제였다.

이러한 모함은 상대방의 약점을 교묘하게 파고들었고, 그 사람은 상상하는 것보다 훨씬 더 고통스러워했다. 본의 아니게 불쌍하고 순박한 중독자를 구박하고 무시하는 악당이 되어버린 가족들은 어느 순간부터는 정말로 자신들 때문에 중독자가 술을 마시고 있다고 착각해 반대로 죄책감에 시달리기까지 했다. 술은 이렇게 상황을 반전시키고, 중독 문제를 가족 전체의 아픔으로 악화시켰다.

그래서 보상을 결심하게 된다. 미안한 부분이 있고 그냥 넘어가기에는 찜찜한 부분이 있으니 나름 계획을 세워 보상을 해야겠다고 생각이 든다. 누구는 돈을 좋아할 것 같고, 누구는 선물을 좋아할 것 같으며, 누구에게는 편지가 좋을 것 같다는 생각이 든다. 어느 누구와는 직접 만나서 사과를 하고 식사를 대접하고 싶어진다. 그런데 이러한 보상의 계획이 도대체 누구를 위한 것일까? 보상을 계획하고 실행에 옮기는 데 항상 나 스스로의 만족이나 내 마음이 편하자고 하는 일방적인 행동이 아니기를 경계해야 한다. 보상의 결심이 진심에서 우러나지 않은 상태에서 하는 섣부른 보상은 엄밀히 말하면 거짓 보상이다. 과거사 문제를 여전히 털어버리지 못하는 이웃나라의 태도와 다를 것이 없다. 우리가 원하는 것은 진정성인데, 그들은 그들이 편한 방식으로 사과하는 흉내만 내고는 보상이 끝났다고 생각한다. 비유가 불쾌할 수도 있지만, 우리 중독자들도 하고 싶은 대로 하는 척만 해서는 그들과 다를 것이 없다.

12단계에서 '보상'에 대한 이야기는 9단계에서 마무리된다. 보상을 통해 모든 것이 끝나는 것이었다면, 응당 '보상'은 가장 마지막에 나와야 하는 것이 아닐까? 다시 말해서 보상은 끝이 아니라 그저 회복중에 거쳐야 하는 하나의 단계일 뿐이다. 8단계에 이르기까지 그 보상이 진실되기 위한 준비를 했다면, 9단계에서는 그 보상이 진정성을 가지고 이루어질 수 있도록 최선의 노력을 다하면 된다.

성공은 자연연소의 결과가 아니다.
먼저 자기 자신에게 불을 지펴야 한다.
- 레기 리치 -

‘어느 누구에게도 해가 되지 않는 한’

보상의 과정에서 주인공은 보상을 하는 사람이 아니라 보상을 받는 사람이다. 나의 사과 때문에 다른 사람이 아파해서는 안 된다. 매우 중요한 부분이다.

우리는 이미 보상할 명단을 만들었다. 어느 누구에게 무슨 일 때문에 미안하며, 그 사람의 가슴을 아프게 한 문제에 대해 받아들이는 과정을 거쳤다. 그리고 9단계에 도달한 지금에 와서 우리는 보상을 결심한다. 그 대상은 내 배우자일 수도 있고, 부모님일 수도 있고, 자식일 수도 있고, 친구일 수도 있다.

그런데 막상 보상을 하려니까 걱정이다. 어떤 보상을 해야 하는지도 고민이지만, 내 보상을 그 사람이 받아줄지도 고민스럽고, 언제 보상을 해야 하는지도 고민스럽다.

가진 것을 다 잃고 거의 노숙자 직전의 상태가 되어 입원한 환자가 있었다. 부모님이 돌아가셔서 입원에 대한 동의는 누나와 여동생이 맡았다. 환자 스스로도 상태가 매우 좋지 않았기 때문에 입원을 결정할 수밖에 없었다. 그런데 입원을 하고 그동안의 삶에 대한 이야기를 듣다 보니, 2년 전에 이혼을 했다. 아이는 없다고 했다.

이혼한 전처와는 7년간 연애를 하다가 집안의 반대를 무릅쓰고 한 결혼이었다고 했다. 집안의 반대가 심했으니 경제적 도움 없이 신혼살림을 시작했고, 생활이 어려웠지만 맞벌이를 하며 밤낮으로 노력하고 살았다. 하지만 남편의 술이 문제였다. 그는 회사에 매일같이 지각을 했고, 출근을 못 하는 날이 잦아져 결국에는 직장을 잃고 말았다. 문제는 해결되지 않았고, 부부 사이의 갈등은 점점 심해졌으며, 부인을 구타하는 일도 점점 늘어났다.

그러나 부인은 나빠져만 가는 이러한 상황을 친정에 있는 그대로 이야기할 수 없었다. 처음부터 반대했던 결혼이었기에 작은 문제만 드러나도 부모님은 이혼을 종용했기 때문이다. 부인의 마음속 상처는 계속 곪아갔고, 그와 더불어 시댁과의 마찰도 커져만 갔다. 이혼 즈음에 부부간의 갈등은 파국에 치달았으며, 환자의 음주 후 구타로 인해 부인의 팔이 골절되면서 상황은 외부에 드러나 결국에는 이혼할 수밖에 없었다.

치료의 과정은 순탄했다. 자신의 문제가 심각하다는 점을 받아들이는 데 어려움이 없었다. 너무도 자명했기 때문이다. 음주 문제만이 아닌 자신의 폭력성과 직장을 유지할 수 없었던 무책임함을 입원과 동시에 시인했다. 그래서 정말 열심히 치료에 임했다.

치료가 진행되는 과정에서 그는 이혼한 부인에게 몇 차례 편지를 썼다. 전화도 시도했지만 전화번호가 바뀌었는지 전혀 통화가 되지 않았다. 편지도 처가 주소로 부쳤지만 전혀 반응이 없었다. 약 3개월간의 치료 과정이 마무리되고 그가 부인을 찾아가겠노라 말하길래 말렸다. 전 부인이나 처가 식구들은 환자와의 관계를 개선할 의지가 전혀 없어 보였기 때문이다. 하지만 환자는 찾아가서 용서를 빌고 어떻게든 보상을 하겠다고 했다. 이제는 자신의 문제를 충실히 살폈기 때문에 다시는 예전의 실수를 하지 않겠노라고 했다. 이미 굳게 결심한 모습을 보며 더이상 말릴 수가 없었다.

결국 그는 춘천에 있는 처가를 직접 찾아갔다. 하지만 처가 어르신은 그를 문전에서 박대했다. 집 안으로 들이지도 않았으며, 앞으로 연락도 하지 말라고까지 했다. 부인의 소재나 연락처는 전혀 알 수가 없었다. 좌절한 그는 또다시 술을 퍼마셨다. 며칠이 지났는지 모를 정도로 계속 마셔댔고, 결국 다시 입원을 했다. 그는 처음 입원했을 때보다 더 처참한 모습을 하고 응급차에 실려 왔다.

보상도 어쩔 수 있는 것과 어쩔 수 없는 것이 있다. 억지를 부려서 어쩔 수 없는 것을 내가 원하는 대로 바꿀 수는 없다. 보상의 과정에서 주인공은 보상을 하는 사람이 아니라 보상을 받는 사람이다. 단순히 자신의 감정을 배설하거나 가식적으로 표현하는 것을 의미하는 것이 아니다. 나의 사과 때문에 다른 사람이 아파해서는 안 된다.

오늘도 다른 입원 환자가 상담을 요청한다. 현재 진행중인 이혼소송에서 어떻게 대처하면 좋을지를 묻는다. 자신이 술을 끊는다고 약속하면 부인이 이혼소송을 멈출 것인지에 대해서도 궁금해한다. 결론은 모를 일이다. 당장은 이혼 여부가 당면한 문제라고 생각되겠지만, 자신의 변화 없이 지금의 상황만 모면하고자 행동한다면, 결국 배우자는 실망하고 떠나갈 수밖에 없을 것이다.

소송에까지 이른 자신의 성격적 결함을 치밀하게 검토하고 개선하는 것이 유일한 해결책이다. 고집스럽고 괴팍하며 자기중심적인 성격에 변화가 전혀 없다면, 배우자의 입장에서도 둘 사이의 관계에 희망을 품지 않을 것이다. 결국 겉보기에 문제는 이혼인 것 같지만, 근본적인 문제는 신뢰를 위한 변화이고 노력이다. 이혼이나 재결합에 매달릴 것이 아니라 온전한 생활로의 회복에 매달리는 것만이 해결책이다.

화성에서 온 남자와 금성에서 온 여자는 자신들이 서로 다른 행성 출신이고,
따라서 서로 다를 수밖에 없다는 사실을 기억하지 못했다.
그들이 지금까지 알고 있던 서로의 차이점들이
기억에서 모두 지워지면서 그들은 충돌하기 시작했다.
-『화성에서 온 남자, 금성에서 온 여자』(존 그레이 지음) 中 -

판단, 용기, 분별

모든 변화는 현실에 대한 냉철한 판단에서 시작한다.
결코 교만해서도 안 되고 자만해서도 안 된다.
떳떳하지 못한 속임수로 거짓 성공을 만들어내서도 안 된다.

여러 차례 입원한 어떤 환자가 나를 고민하게 만들었다. 병동에 입원한 이후 말썽을 부려서가 아니다. 오히려 그저 조용조용히 하루하루를 지낸다. 예전에 사업을 해본 적은 있었지만, 너무나 옛날 일이다. 10년이 넘게 형님이 하는 사업을 거들며 지내왔다. 그동안 수차례 음주 문제가 재발했고, 그렇게 시간은 지나버렸다. 한때는 꿈도 꾸었고 뭔가 해보고 싶은 일도 있었지만, 평소 의존적인 본인의 성격이 자신의 발목을 잡았다. 이제는 어쩌면 이 나이에 시작하면 무엇이든 성공해야 한다는 부담감과 함께 성공할 자신이 없다는 점이 더 큰 문제였다. 그래서 뭔가 시작해볼 요량으로 퇴원을 해도, 얼마 되지 않아 지레 주저앉아 다시 술을 마셨다. 그러면 또다시 가족들은 그를 입원시켰고, 지금에 와서는 가족들이 자신에게 뭘 해볼 시간을 주지 않는다는 불만까지 더해져 있었다.

우리는 누구나 어린 시절 꿈을 갖는다. 어떤 이는 대통령을, 어떤 사람은 장군이나 판사 혹은 의사를 꿈꾼다. 하지만 많은 아이들이 초등학교를 졸업하기도 전에 이미 도달하기 쉽지 않은 꿈이라는 현실을 깨닫는다. 어른이 되어버린 지금에 와서 황당했지만 아름다웠던 그 시절의 꿈을 포기했을 때의 절망감은 잘 기억나지 않을 수 있다. 하지만 당시 10살이 채 되지 않았던 소년·소녀의 마음은 정말 많이 아팠을 것이다.

중학생이 되면 똑같은 질문을 받아도 답은 완전히 달라진다. 여전히 현실성이 없는 일부 아이들도 있겠지만, 대부분의 아이들은 "몰라요." "없어요." 등으로 대답을 대신한다. 그 근사했던 꿈이 도대체 어디로 사라져버린 것일까? 꿈이라는 것이 어느 순간 크리스마스 선물처럼 하늘에서 뚝 떨어지는 게 아니라는 것을 알게 된 순간부터, 그들은 자신이 꿀 수 있는 꿈이 아주 현실적일 수밖에 없다는 것을 알게 된다. 하지만 예전의 거창했던 꿈을 대신해 피자배달원이나 통닭집 주인, 말단 회사원 등과 같은 소박한 꿈을 이야기할 수는 없는 노릇이다. 더욱이 한 달에 수십만 원에서 수백만 원까지 학원비를 들이면서 자녀의 멋진 미래를 상상하고 있는 부모님께 보잘것없고 초라해보이는 자신의 꿈을 이야기할 수는 없다. 그러니 꿈은 없는 것이고, 남의 이야기가 되고 마는 것이다.

우리 알코올중독자들은 어떠한 꿈을 꾸고 있는가? 지난 수년 혹은 수십 년의 세월을 일시에 만회할 수 있는 거창한 성공을 꿈꾸고 있는가? 로또 당첨처럼 벼락과 같은 천운을 기다리고 있는가? 우리가 지금 꿀 수 있는 꿈은 무엇인가? 만약 이처럼 대단한 꿈만을 그리고 있다면, 대통령이 되거나 장군이 되겠다고 생각했던 초등학생의 꿈과 우리의 꿈은 무엇이 다른가? 또는 거창한 꿈이 실현되지 않을 것이라고 실망한 나머지 "몰라요." "없어요."라고 대답하는 중학생의 태도와 우리의 태도는 또 무엇이 다른가?

꿈이 있어야 변화의 동력이 생긴다. 꿈은 현실적이어야 한다. 그리고 꿈을 이루려는 우리의 노력은 반드시 성공해야 한다. 하지만 이 성공은 단 한 번의 노력으로 단숨에 이룰 수 있는 것이 아니다. 작지만 소중한 성공이 하나하나 쌓여서 조금 더 큰 성공으로 이어지며, 조금 더 큰 꿈을 꾸면서 만들어가는 것이다. 그래서 우리에게는 작은 성공의 경험이 필요하다.

마른 주정은 수시로 찾아온다. 우리의 삶은 스트레스의 연속이라 그럴 때마다 술을 마시고 싶은 갈망 또한 때를 가리지 않고 밀려든다. 이러한 음주의 유혹이 회복의 길에 일어나지 않기를 바라는 것은 부질없고, 너무도 당연한 일이다. 단지 우리는 이러한 유혹을 이겨낼 수 있기를 바랄 뿐이다. 길거리의 편의점을 별일 없이 지나칠 수 있을 때, 퇴근길 통닭집을 무심결에 지나칠 수 있을 때, 하산하면서 도토리묵과 파전 파는 집을 묵묵히 외면할 수 있을 때 우리는 성공한 것이다. 머리 끝까지 화가 나거나 너무나 고통스러운 시련이 닥쳐도, 의연하게 술을 마시지 않았다면 이 또한 멋진 성공이다. 이러한 성공의 경험이 쌓이고 쌓여서 우리를 회복으로 이끈다.

우리의 노력이 '성공'했다고 누가 결정해주는가? 우리는 성공이라는 말을 붙이기 위해 자격증 취득이나 취업 혹은 승진, 커다란 금전적 수익 등을 떠올리기 쉽다. 그러나 이러한 외부평가가 우리의 성공을 입증해줄 수 있을까? 쉬운 예로 얼마나 돈을 벌어야 '성공'이라고 말할 수 있을까? 우리의 성공은 다른 사람의 평가가 아닌 '위대한 힘과 건전한 본정신'으로부터 인정받을 때 진정으로 달성되었다고 말할 수 있다. 스스로 거울을 보면서 자신에게 "수고했어, 자식."이라고 말할 수 있다면, 이러한 성공에 만족해도 무방하다. 그렇기 때문에 우리 앞에서 말한 일상의 작은 일들 하나하나에 의미를 부여하고, '성공'이라며 스스로를 격려하는 작업을 해야 한다. 별 일 없이 지내는 소소한 삶의 단편을 성공이라고 부르며 차곡차곡 쌓아가는 승리의 경험이 꼭 필요하다.

모든 변화는 현실에 대한 냉철한 판단에서 시작한다. 결코 교만해서도 안 되고 자만해서도 안 된다. 떳떳하지 못한 속임수로 거짓 성공을 만들어서도 안 된다. 분별 있게 하루를 지내고, 오늘 이루어낸 작은 성공을 오늘의 승리로 규정하며, 실수가 있었다면 이를 알아차린 것으로 위안을 삼아야 한다. 그리고 또 다른 내일을 위해 용기를 내야 한다. 냉정하고 차분하게, 승리를 위해.

내일 일을 걱정하지 말라. 내일 일은 내일 스스로 맡을 것이니
그날의 괴로움은 그날로 족하다.

- 밀란 쿤데라 -

12단계는 하루 동안 죽을 힘을 다해 노력했다고 해서 마무리되는 작업이 아니다. 각 단계를 한 번씩 읽고 연습해본다고 해서 문제가 사라지지 않는다. 충실히 사는 삶이 계속 모여야 변화가 자리 잡힌다. 평생에 걸쳐서 자신의 문제점을 끊임없이 검토하고 시인하고 개선하는 작업이 바로 12단계이며, 그래서 10단계의 수행과제는 한 번으로 끝낼 것(일과성)이 아니라 평생에 걸쳐 매일매일의 검토와 시인을 요구한다.

10단계

—

시인의 일상화

“인격적인 검토를 계속해 잘못이 있을 때마다 즉시 시인했다.”

‘계속해’

•
•
•

우리에게는 ‘계속해’가 중요하다.
지속적으로 내 마음을 회복이라는 목표에 두려고 노력하는 것,
그 노력만이 바닥에 떨어져 있던 우리를 구할 것이다.

‘계속해’라는 말은 이제 막 시작하는 사람들을 위한 이야기가 아니다. ‘해왔던 그대로 앞으로도 쭉’이라는 뜻이다. 즉 해왔던 바가 없다면 ‘계속해’라는 말을 쓸 수 없다.

우리는 회복을 위한 길을 꾸준히 잘 걸어왔고, 이제 10단계까지 왔다. 그리고 온전한 삶을 위한 노력을 지속적으로 잃지 않고 이어왔기에 오늘 이 자리까지 왔다. 하지만 이제 와서 ‘계속해’라는 말을 새삼 쓰는 이유는, 혹시나 맨날 해오던 자기 반성과 보상을 위한 노력, 인격적인 검토가 어느 순간 타성에 젖어버린 것은 아닌가 하는 우려 때문이다.

오늘도 마주치는 우리 알코올 환자들에게 '계속해'라는 말은 경우에 따라 완전히 다른 2가지 용도로 사용된다. 하나는 '주마가편走馬加鞭'이다. 열심히 단주를 위해 노력하고 있는 사람들에게 노력의 의미를 잊지 말자고 격려하는 의미다. 사람은 누구나 게을러지는 본능이 있다. 매일 매일을 무엇 하나 놓치는 것 없이 각성하고 지내기에는 그 긴장감을 견디기 버겁다.

우리 알코올중독자들에게는 더욱 그렇다. '이제는 이렇게까지 하지 않아도 될 것 같고, 웬만큼 된 것 같기도 하다.' '나의 결점들 또한 대충은 다 파악한 것 같고, 나의 문제들보다는 다른 사람의 문제가 더 크지 않나 생각한다.' '관성慣性 때문인지 그냥 치료과정을 반복하고는 있지만, 이미 초심과는 좀 다르다.' 등의 생각이 나를 지배하고 있다면, 현재는 전혀 문제없이 지내고 있지만, 언제 갑자기 돌발 상황이 벌어질지 모른다. 그래서 달리는 말에도 지속적인 채찍질은 필요하다. 그러지 않으면 정신줄을 놓고 엉뚱한 생각을 하다가 꼬꾸라지기 십상이다.

또 다른 하나는 한동안 회복하고자 온 힘을 다해 의미 있는 노력을 하다가 무슨 이유로 재발한 경우다. 회복을 위해 노력하면 모든 것이 다 가능해질 것이라 생각하고 젖먹던 힘까지 우려내어 애썼건만, 너무도 덧없이 일순간에 무너져버린 자신을 보면서 '이제는 지쳤다. 그만하고 싶다. 애써서 뭐하나, 결국에는 이 모양인 걸.' 하고 자포자기해버리는 경우가 있다. 환우들에게 "계속적인 노력은 어느 시점까지 해야 하나요?"라고 물어보면, 대부분 망설임 없이 "죽는 날까지요."라고 답한다. 이성적으로 판단하면 우리 중독자에게는 논란의 여지가 없는 명확한 답이다. 하지만 현실에서 우리는 너무 쉽게 나약해지며, 자신에게는 희망이 없다며 포기해버리기도 한다. '자포자기'는 술을 다시 마실 수 있는 너무나도 그럴듯하고 유혹적인 핑계이기 때문이다.

중독에 대한 치료방법 중 '동기강화치료'라는 것이 있다. 이 치료방법의 중요한 원칙은 중독자 자신의 내면에서 기인하는 치료적 동기를 자극해 불러일으킴으로써, 회복을 향하는 변화가 시작될 수 있다는 것이다.

이 이론에 따르면 모든 중독자의 마음속에는 중독으로부터 벗어나고 싶은 동기가 있지만, 환자의 상태에 따라 그 정도에 차이가 있을 뿐이라는 이야기가 된다. 즉 이미 술을 끊을 준비가 전부 되어 있는 사람도 있는 반면, 치료 동기의 흔적조차 희미한 사람도 있다. 그 중 '내가 술을 어떻게 끊겠어. 불가능할 것 같아.'라고 생각하는 사람의 상태를 '숙고전단계'라고 하고, 이제 막 '술을 끊어볼까?'라는 마음을 먹기 시작한 상태를 '숙고단계'라고 한다. 그에 비해 이미 치료기관에 예약을 했거나 혹은 이미 각오를 다지고 술을 끊은 지 며칠 된 상태는 '준비단계' 혹은 '실행단계'라고 한다.

그런데 이러한 환자의 중독에 대한 인식 정도를 단계별로 나눌 때 치료진이 꼭 명심해야 하는 것이 있다. 이 단계들은 계단처럼 하나씩 하나씩 올라가 성취되는 것도 아니고, 한 번 올라섰다고 해도 어느 순간 바로 가장 아래의 '숙고전단계' 영역으로 떨어져버리기도 한다는 점이다. 사람의 마음은 갈대와 같다는 말이 여기서도 해당된다. 간경화 진단을 받고, 누구보다도 열심히 술을 끊겠다는 각오로 A.A. 모임에 나가던 사람이 부인이 하는 핀잔 한 마디에 '내가 술을 끊기는 뭘 끊어.'라며 바로 단주를 포기해버리기도 하는 것이다.

우리에게는 '계속해'가 중요하다. 회복의 과정이 순탄하든 풍파가 많든, 내 마음이 흔들리든 주변에서 나를 흔들든 개의치 않고 지속적으로 내 마음을 회복이라는 목표에 두려는 노력만이 바닥에 떨어져 있던 우리를 구할 것이다.

10단계까지 오면서 우리는 왜 술을 멀리해야 하는지에 대한 이유를 통감했다. 술로 인해 무너진 삶을 너무도 절실히 느꼈다. 그래서 변화를 위해 일어섰다. 이것이 우리를 희망으로 이끄는 '동기'다. 동기는 사람이든 동물이든 공통적으로 생존을 위한 강력한 무기다. 이제는 그 무기가 우리의 것이다. 함부로 포기해서도 안 되고, 함부로 절망할 필요도 없다. '동기'라는 무기를 들고 한 걸음씩 전진하는 것만이 유일한 선택임을 우리는 이미 알고 있다.

노자는 산 것은 부드럽고 죽은 것은 뻣뻣하다고 말합니다.
태풍이 거세게 불어 모든 나무가 서 있기도 힘든 듯 흔들릴 때,
흔들림 없이 굳건히 서 있는 나무 한 그루가 보입니다.
그 나무는 분명히 죽은 나무일 것입니다.
살아 있는 나무는 바람에 흔들립니다.
하지만 죽은 나무는 흔들리지 않습니다.

- 『생각하는 힘, 노자 인문학』(최진석 지음) 中 -

감정적 숙취

12단계 책을 처음 접했을 때, 가장 놀라운 단어가 '감정적 숙취'였다.
중독자들의 알 수 없는 흔들림을
이처럼 날카롭게 묘사할 수 있을까 감탄스러웠다.

입원 치료를 수차례 받았지만 또 재발해 입원한 환자가 있다. 이전 입원 당시에는 자신에게 음주 문제가 있다는 것을 받아들이지 못했지만, 편의점을 운영하며 밤마다 진열장에 있는 술을 마시고, 제대로 마감 일을 하지 못했던 자신의 모습을 돌아보면서, 자신을 걱정하고 책망하는 부모님의 마음을 살펴 비교적 치료는 원만히 진행되었고, 회복의 의지를 가지고 퇴원했었다.

그런데 어느 순간부터 부모님에 대한 원망이 싹트기 시작했다고 한다. 아직 결혼을 못 한 것도 부모님 때문인 것 같았고, 나름 잘 운영하던 편의점을 정리해버리는 바람에 돌연 실직자가 되어

버린 것도 부모님 때문이라고 생각했으며, 이제까지 자신이 알아서 조절하며 술을 마신다고 생각했는데 본인의 동의도 구하지 않고 병원에 입원시켜버린 것에 대해서도 화가 치밀었다. 입원 초기에 자신을 괴롭혔던 이러한 분노감이 치료 과정중에 다 해소되었다고 생각했으나, 언제부터인가 스물스물 다시 떠올라 자신의 감정과 생각을 지배하기 시작했다. 억울한 감정이 자신을 지배했고 너무도 자연스럽게 술을 마셨다.

12단계 책을 처음 접했을 때, 가장 놀라운 단어가 '감정적 숙취'였다. 숙취에 감정을 입힐 수 있다는 그 창조적인 발상이 놀라웠다. 중독자들의 알 수 없는 흔들림을 이처럼 날카롭게 묘사할 수 있는 단어가 또 있을까 싶어 감탄스러웠다. 술만 숙취를 유발하는 것이 아니라, 분명히 감정 역시 술 못지 않게 숙취를 만들어내고 있다.

또 다른 예로 중견 사업체를 운영하는 환자의 이야기다. 아직은 외래만 다니고 있지만, 사실 문제는 상당히 심각했다. 사람을 만나면 의례히 술을 마셨고, 술자리가 이어져 새벽에 귀가하기 일쑤였다. 음주운전으로 사고가 나는 바람에 벌금을 낸 적도 있다.

그러나 실은 이 환자의 음주 문제는 남들과 어울려 마시면서 시작되는 것만은 아니었다. 회사에서 회의를 하다가 마음이 답답해지면 그냥 연락도 없이 사라져버렸다. 회사 직원뿐만이 아니라 부인이 전화를 해도 그를 찾을 수 없었다. 그러다 보면 다음 날 새벽녘에 술집에서 남편을 데려가라는 전화가 오는 것이다.

점심도 먹기 전에 사라져서 대체 어디를 가는지 부인이 카드 결제내역으로 역추적했다. 바로 강남에 있는 노래방으로 술도 파는 곳이었다. 누구의 방해도 받지 않고, 작은 골방에 틀어박혀 양껏 술을 마실 수 있는 그만의 아지트였다. 물론 그 노래방도 원래 오전부터 영업을 시작했던 것은 아니었지만 이 환자가 문을 두드리고 자주 들르다 보니, 결국 그가 올 때는 영업시간보다 미리 문을 열고 원하는 술을 내주었던 것이다.

아침 시간에 문을 열지도 않은 노래방으로 가는 마음은 어떠했을까? 하지만 그 환자의 행동은 너무도 자동적으로 '이럴 수밖에 없어.'라는 생각밖에는 머릿속에 없었을 것이다. 그만큼 마음에는 여유가 없고, 뭔가에 쫓기고 있었으며, 갑갑함을 해소할 다른 방법이 없으니 술을 마실 수밖에 없다고 생각해 그대로 행동했다. 그리고 술을 마시는 것에 앞서 불안감과 허전함, 압박감과 자신감 부족 등이 겹치면 자신도 모르게 그냥 숨어버리는 성향이 있었던 것이다. 이에 벌어진 상황까지 고민할 여력 없이, 모든 것을 잊는 데 도움이 되는 술만 찾았던 것이다. 수주일이나 몇 달간 술을 참다가도, 자신에게 곤란한 상황이 닥쳤다는 생각이 들면, 그 노래방으로 자신도 모르게 발을 옮겼다.

술을 많이 자주 마시는 문제, 그리고 술로 인한 숙취만이 우리 앞에 놓인 숙제가 아니다. 특정한 상황에서 술밖에는 해결책이 없다는 믿음, 나의 억울함은 술밖에 달래줄 수 없다는 생각, 막연한 두려움과 불안감 등 또한 숙취와 마찬가지로 나의 삶을 제약하고 있으며, 회복을 위해서는 이를 이겨내야만 한다.

감정적인 숙취는 음주자만이 아닌 가족에게도 다른 모습으로 나타난다. 술을 마시고 새벽이 되어야만 집에 들어오는 남편을 둔 어느 부인의 불안감을 예로 들 수 있다. 물론 부인이 걱정하는 것이 당연하지만, 그간에 사고가 여러 번 있었기 때문에 남편에게 저녁 약속이 있어 늦는다는 말만 들어도 부인의 심장은 빨라졌다. 밤 9시가 되기 전부터 위치를 파악하기 위해 전화를 하고, 11시가 넘으면 이미 100통 이상 전화를 걸어두었다. 이에 지친 남편은 휴대폰을 꺼버렸고, 부인의 불안감은 극에 달해 차를 몰고 남편의 마지막 위치를 중심으로 술집을 찾았다. 남편의 반복된 음주 문제는 부인에게 떨치기 어려운 불안감을 만들었고, 남편은 부인의 이러한 집착에서 벗어나고자 몰래 술을 마셨다.

어떤 여성은 술 때문에 아버지와 남편을 잃었다. 그리고 새롭게 인생을 출발하고자 재혼을 준비했는데, 놀랍게도 그 남자 또한 음주 문제가 있었다. 임상 현장에서는 이러한 상황이 결코 드물지 않다. 이 여성은 술 때문에 더이상 아픔을 겪고 싶어하지 않았다. 어쩌면 자신이 부족해서 아픔이 반복되었을 수 있다며, 이번에는 부족하지 않게 더 헌신적으로 노력하겠다고 했다. 심리학적 용어로 '반복 강박'이라는 말이 있다. 살아가면서 자신도 모르게 괴롭고 고통스러운 과거 상황을 반복하는 강박적인 충동을 가리키는 말이다. 그러나 정작 자신은 무의식적인 자신의 충동이 과거와 동일한 사건이나 경험을 유발한다는 사실을 인식하지는 못한다. 과거와 동일한 상황을 반복함으로써 그 사람은 자신의 아픔과 고통으로부터 벗어날 수 있다고 믿지만, 현실은 또 새로운 비극의 반복이 시작되는 경우가 많다.

현재는 과거에서 비롯된다. 그렇다고 과거에 머물러서는 현재를 해결하지 못한다. 현재의 내 모습을 얽어매고 있는 과거의 잔재를 찾아내어야 한다. 이것이 감정적인 숙취다. 하지만 이것은 과거를 되돌리기 위한 것이 아니라 지금 나를 괴롭히는 현재의 문제를 해결하기 위한 것임을 잊지 말아야 한다.

용서는 실천과 자유로 가는 열쇠이다.

- 해나 아렌트 -

'즉시'

•
•
●

그래서 연습해야 한다.
자신의 생각을 미리미리 눈치 채는 연습을 부지런히 해야 한다.
자신의 생각을 가장 잘 아는 사람이 자신이라고 생각하면 큰 오산이다.

사실 난 별로 산에 오르는 것을 좋아하지 않는다. 산이 싫어서는 아니다. 산에 오르고 싶지만 무릎이 시원치 않아 산에서 절룩거리며 내려올 때면 그냥 평지에서 걸을 걸 그랬다는 후회를 들게 한다. 그래도 시간이 지나면 산을 자꾸 올려다 본다. 올라가기는 싫은 산이지만, 산에서의 기억은 항상 좋다.

산에 오르는 것은 많은 사람들에게 영감을 준다. 그저 산이 있어서 간다는 말 한마디에 담기는 여러 의미는 모두들 공감할 것이다. 나에게도 마찬가지다. 특히 여기까지인가 하면서 한 걸음 한 걸음 떼어 산등성에 오르고 나면, 여지없이 또 올라야 하는 그

다음 봉우리가 눈 앞에 펼쳐진다. 내심 꼭대기이길 바라고 오른 산마루 너머에 여지없이 전혀 보이지 않던 새로운 산잔등이 펼쳐진다. 내 눈에 보였던 세상이 얼마나 좁았던지, 내가 바랐던 목표가 얼마나 보잘것없었는지, 이제는 다 왔다고 생각했던 내가 얼마나 얕았는지 너무도 부족했던 나의 속내를 산은 숨김없이 드러내버린다.

외박을 하고 온 개방병동 환자가 있었다. 그런데 다음 날 아침 회진 때 정말로 귀원하고 싶지 않았다고 말했다. 이 환자에게서 이런 말이 나올 것이라고는 전혀 상상하지 못했다. 자신의 약점을 어렵사리 찾았고, 이를 극복하기 위해 최선을 다하는 모습이 정말 본받을 만했기 때문이다. 그런데 이어진 그 환자의 말이 크게 다가왔다. 자신이 얼마나 교만한지 새삼 깨달았다는 것이다. 개방병동에서 며칠 잘 지내고, 외박 하루 다녀왔다고 해서 자신의 모든 문제가 이제는 하나도 없는 것처럼 생각되더라고 했다. 이렇게 문제가 다 해결되었는데, 병원에는 가서 무엇 하며, 앞으로의 치료 프로그램은 굳이 왜 해야 하나 싶은 생각이 들었다고 했다. 그런데 이내 그는 정신을 차릴 수밖에 없었다. 미혼인 그가 병원이 아니고는 향할 다른 곳이 없었기 때문이다. 부모님은 현재 헤어져서 따로 사시는데 형편이 어려워 본인이 얹혀 살 수도 없는 처지였다. 그렇다고 시집간 여동생 집에 가기도 민망하고,

친구들에게 하루만 묵자고 연락하자니 이미 자신의 많은 실수 때문에 금이 많이 가버린 상태였다. 이때 갑자기 정신이 번뜩 들었다고 했다. '내가 좋아진 것이 아직 하나도 없구나. 처지가 바뀐 것도 아니고, 실제로 현실이 변한 것도 아니고. 이렇게 교만하게 생각하는 습관도 여전하구나.' 이런 고백을 하면서 새롭게 한 주일을 시작하겠노라고 했다.

간혹 재발은 너무나 허무하게 찾아온다. 회식 자리에서도 단주를 유지하고, 동호회 사람들이 운동이 끝나고 맥주 한 잔을 권해도 사절하고 집으로 돌아오던 그가, 부인이 늦는다는 전화 한마디에 편의점으로 향한다. 그리고 자기도 모르게 이미 맥주를 마시고 있다. 부인이 늦을 때 맥주 한 잔 정도 해도 눈치채지 못할 것이며, 최근 자신이 너무도 잘 지냈으니까 맥주 한 캔 정도는 상으로 주어도 문제가 없을 것이라는 생각이 짧은 순간 머리를 스쳐지나갔다. 인지행동치료에서 '자동적 사고'라고 하는 것이다. 어떤 사건을 접했을 때 의식적으로 인식되지 않는 순간에 스쳐지나듯 드는 생각으로, 개인의 감정이나 행동, 신체적 반응에 영향을 준다. 이 환자처럼 중독자들에게는 흔히 부정적인 문제를 일으키게 한다. 문제는 너무도 순식간이어서 일반적인 상황에서는 전혀 대비할 수 없다는 점이다.

그래서 자신의 생각을 미리미리 눈치 채는 연습을 부지런히 해야 한다. 자신의 생각을 가장 잘 아는 사람이 항상 자신이라고 생각하면 큰 오산이다. 우리 자신은 스스로가 모르는 사이에 많은 생각들을 하고 이를 행동에 옮긴다. 어떤 생각이 어떻게 의식의 수면 위로 떠오르고, 그것에 따라 어떠한 행동이 수반되는지 항상 생각해야만 한다. 만약 생각한 것에 오류나 문제가 발생했다면 즉시 시인하고 수정해야 한다. 인지행동치료는 연습의 과정이다. 연습으로 생각과 행동의 교정이 가능하다. 자신의 문제를 들여다보고 교정하려는 연습은 언제나, 그리고 즉시 시행되어야 한다.

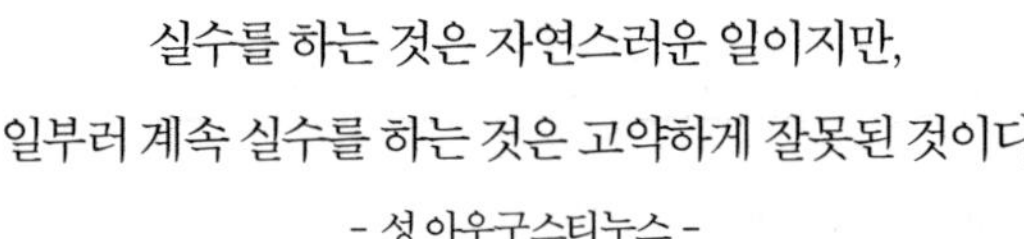

실수를 하는 것은 자연스러운 일이지만,
일부러 계속 실수를 하는 것은 고약하게 잘못된 것이다.
- 성 아우구스티누스 -

고통, 영적 향상의 시금석

•
•
•

술로 인해 일그러진 삶이 주는 통증 또한 마찬가지다.
그래서 우리는 아파야 한다. 많이 아플수록 반복하지 않고
늪과 같은 질병에서 벗어날 수 있다.

치료중에 자신이 평생 살면서 가장 미안했던 사람에게 편지를 쓰는 과정이 있다. 대부분의 사람들은 부모님이나 부인 혹은 자식들에게 편지를 쓴다. 병동에서 지내면서 자신의 삶을 돌아보면 어린 시절 얼마나 자신이 속을 썩였는지, 부인을 얼마나 못살게 굴었는지 새삼 느끼기 때문에, 그들에게 편지를 쓰도록 시간을 주는 것이다.

많은 환자들은 부모님이나 가까운 사람에게 손편지를 쓰는 것 자체가 오랜만이고, 심지어 어떤 분들은 초등학교 이후에 처음 편지를 쓴다. 편지를 쓴다는 것 자체가 자신에 대한 정화다. 차분

히 앉아서 그 사람에 대해 집중하고 온전히 마음을 기울이는 시간이며, 해야 할 말과 하지 말아야 할 말이 정제되어 한 글자 한 글자 쓰일 수 있는 기회다.

그런데 가끔은 미안한 사람이 바로 자기 자신이라며, 자신에게 편지를 쓰는 경우가 있다. 처음에는 그럴 수도 있겠다 싶었다. 술을 무분별하게 마셔 자신의 인생을 망쳐놓았으니, 자신에게 가장 미안하고, 그런 자신에게 용서의 편지를 쓰는 것도 가능하리라 생각했다. 그런데 생각보다 많은 사람들이 자신에게 편지를 쓰는 것이었다. 그리고 주저리주저리 자신에게 미안하며, 진심으로 용서를 빈다는 내용으로 편지를 채워나갔다.

생각을 해보자. 무심결에 다른 사람을 한 대 때렸다. 그런데 생각해보니 좀 아플 것 같다. 내가 좀 세게 치기는 했다. 굳이 세게 때리려는 의도는 없었으니 별로 미안하지는 않으나, '퍽' 하는 소리가 좀 크게 났으니 그냥 지나치기에는 좀 미안하다. 그렇다고 고개를 숙이고 제대로 사과하자니 그렇게까지 체면을 구길 이유는 없어 보였다. 그래서 짧게 "쩝, 미안해."라고 말하고는 돌아섰다. '사과는 했으니, 이걸로 마무리하면 되겠지.'라고 생각했지만 사실은 이런 생각마저도 그리 심각하게 한 것은 아니었다.

하지만 맞은 사람 입장에서 생각해보자. 뜬금없이 한 대를 맞았다. 맞은 것도 기분이 나쁜데, 때린 사람이 혼자 건성으로 "미안해."라고 하더니 그냥 돌아서버린다. 뭐가 미안하다는 것인지 전혀 모르겠다. 감정이라고는 전혀 담겨 있지 않은 사과는 오히려 모멸감까지 든다. 맞은 사람이 아픈 데다 이유 없이 맞을 때는 인격적인 모독까지 느껴지는데, 그냥 지나가는 말투로 "미안해." 라고 하고 끝나버리면 사과를 받지 않는 것만 못하다.

사과는 때린 사람이 마음이 내키면 언제든지 할 수 있는 것이 아니다. 내가 내키면 사과를 하고 내키지 않으면 안 해도 되며, 그 시기도 내가 마음대로 정하는 것이 결코 아니다. 사과는 사과를 하기 위한 나의 준비가 필요하다. 다른 사람의 입장에서 나의 행동이 어떠한 아픔을 주었는지를 진심으로 공감할 수 있어야 한다. 그래서 그 사람의 아픔이 내 마음에서 동일하게, 아니 어쩌면 더 크게 느껴져야 한다. 더불어 이렇게 사과할 준비가 되어 있어도, 상대방이 사과를 받아들일 준비가 되기를 기다려야 한다. 상대방이 아직 분노에 차 있고, 용서를 해줄 여유가 생기지 않았다면 아직은 때가 아닌 것이다. 스쳐지나가는 마음으로, 상대방이 좀 불쌍해 보이니까 생색을 내는 기분으로 그저 뱉어버리는 말은 사과가 아니다.

이것은 음주 문제로 인해 내가 나 자신에게 사과를 하는 경우에도 마찬가지다. 그저 자신의 인생이 좀 불쌍하고 안되어 보인다는 마음으로, 자존심을 버려야 하는 큰 일에 도전하지 않으면서 자신에게 용서를 청할 수는 없다. 의식적인 수준에서는 이러한 일들이 무난히 이루어질지도 모르지만, 우리에게는 생각보다 훨씬 엄격하고 집요한 무의식의 세계가 존재하며, 그 속에 자리잡은 자아는 그리 호락호락하지 않다. 해결되지 않은 갈등은 풀밭에 잡초 뿌리처럼 남아 지속적으로 우리의 안정을 방해할 것이다.

회진 때 보면 그냥 시간을 때우려고 병원에 입원해 있는 환자들이 있다. 그들은 집단치료에도 제대로 참석하지 않고, 교재로 사용하는 책도 읽지 않으며, 과제는 들춰보지도 않고 먼지가 쌓인 채 사물함 구석에 처박아둔다. 그러고는 소설책이나 무협지만 읽고 환자들과 잡담하며 하루하루 시간을 보낸다. 알코올중독은 다른 사람의 문제이고, 자신은 그냥 강압적으로 입원해 있으라고 하니 어쩔 수 없이 시간만 보내고 있는 것이라고 생각한다. 그들에게 여기는 놀러온 곳이 아니라고 대놓고 이야기한다. 자신을 되돌아봐야 하고, 심장이 도려내는 아픔을 느껴야 하고, 쥐구멍에 숨고 싶은 생각이 들어야 한다고, 그리고 그 미안함을 다 모아서 정리하고 보상을 준비하고 표현하며, 새로운 삶을 계획해야 한다고 말이다.

통증은 진화 과정중에 살아남아 우리 모두에게 공통적으로 존재하는 원시적인 감각이다. 이 감각은 생명을 유지하는 데 필수적이기 때문에 사라지지 않았다. 자신에게 통증을 주는 일을 다시는 반복하지 않도록 동물의 본능은 프로그래밍되어 있다. 술로 인해 일그러진 삶이 주는 통증 또한 마찬가지다. 그래서 우리는 아파야 한다. 많이 아플수록 반복하지 않고 늪과 같은 질병에서 벗어날 수 있다. 그리고 그런 아픔을 가질 때, 진정 자신에게 미안하다고 이야기할 수 있을 것이다.

그곳을 빠져나가는 최선의 방법은 그곳을 거쳐 가는 것이다.

- 로버트 프로스트 -

지금까지의 10개의 단계를 통해, 우리는 삶으로 복귀할 수 있게 되었다. 한때 파산했던 인생을 되찾게 되었다. 하지만 이것은 우리가 뛰어난 수완과 재능을 발휘해 특별하게 얻어낸 성과가 아니다. 정직과 겸손, 반성과 보상을 통해 새로운 삶을 위한 토양을 준비해온 과정이었다. 그 토대 위에 '회복'이라는 나무가 성장한다. 11단계와 12단계는 성장에 대한 이야기다. 과거의 잘못에서 벗어나 새로운 희망을 위해 보다 큰 꿈을 꾼다. 기도와 명상, 그리고 실천을 통해 하루하루의 회복을 완성해간다. 성장이 주는 기쁨과 행복으로 지속적인 노력이 가능하도록 우리를 응원한다.

4

지속적인 성장이
회복을 위한
굳건한 디딤돌이다

삶에 대한 반성과 신에 대한 의탁, 보상을 위한 노력을 통해 12단계의 과정은 이어진다. 신의 목소리를 듣는 것이 '명상'이며, 신을 향한 나의 목소리가 '기도'다. 즉 명상과 기도는 신과의 대화인 것이다. 이러한 의식적인 접촉을 통해, 우리는 방향을 잃지 않고 소중한 인생의 의미를 살리기 위해 노력할 수 있는 것이다.

11단계

—

의식적 접촉

"기도와 명상을 통해서 우리가 이해하게 된 대로의 신과 의식적인 접촉을 증진하려고 노력했다. 그리고 우리를 위한 그의 뜻만 알도록 해주시며, 그것을 이행할 수 있는 힘을 주시도록 간청했다."

'의식적인 접촉'

회복을 위해서는, 온전한 생활을 위해서는
정신줄을 놓으면 안 된다. 마냥 흘러가는 시간에 저절로
회복이 이루어지기만을 기다려서는 안 된다.

아침에 출근하다가 문득 '오늘 출근이 마지막 출근이라면?'이라는 생각이 들 때가 있다. 사실 우리 모두 죽음이라는 정해진 끝을 가지고 있지 않은가? 다만 그 시기만 모를 뿐 모두 동일한 결론을 가지고 산다. 우리는 언제나 내일이 보장되어 있는 것처럼 행동하지만 커다란 봉투 속의 과자도 빼먹다 보면 언젠가 바닥을 드러내고 말듯이, 우리의 날도 바닥날 때가 갑자기 찾아올 거라고 생각하면, 오늘 하루가 새삼 소중하고 감사하다.

유럽 사람들은 휴가를 한 번 내면 그 기간이 보름에서 한 달 정도 되고, 한 지역에서 그냥 편히 쉬면서 여유롭게 시간을 보내

는 휴가를 지낸다. 반면 우리나라 사람들은 해외여행을 가기 위해 휴가를 내고, 빡빡한 일정에 쉼 없이 돌아다닌다. 왜 이런 차이가 있을까? 우리나라 사람들에게 휴가는 쉽지 않은 기회인 것이다. 어렵게 시간을 내었으니, 언제 다시 갈지 모르는 외국을 가능하면 빼놓지 않고 다 돌아다녀봐야겠다는 강박관념이 여행의 모양새를 만든 것은 아닐까? 그렇다면 우리나라 사람들이 즐기고 있는 휴가의 형태도 현실적으로 보면 나름 의미 있고 보람 있는 것이다. 오히려 소중한 기회를 낭비하지 않기 위해 최선의 노력을 하는 것뿐이다. 휴가를 성과로 판가름하는 것이 적절하지는 않지만, 우리나라 사람들에게는 가장 효율적으로 시간을 보내는 것이라고 볼 수 있다. 물론 효율성보다는 쉼 그 자체에 의미를 두는 유럽 사람들이 부럽기는 하다.

이렇게 시간을 아끼고 쪼개서 제대로 보내기 위해서는 깨어 있어야 한다. 피곤하지만 눈을 부릅뜨고 하나도 놓치지 않기 위해서 노력하지 않으면, 나의 소중한 시간이 그냥 없어져버린다. 의식적으로 애를 써야만 가능한 일이다. 만일 그 여행이 단순한 휴가가 아니라 성지순례와 같이 더욱 소중한 시간이라면 말할 것도 없다. 그런데 어쩌면 우리의 삶도 이러한 여행이 아닐까? 그런데 이미 많은 시간을 낭비해버려 돌아갈 시간이 얼마 남지 않은, 하지만 어렵사리 얻은 너무도 소중한 기회인 여행 말이다.

얼마 전 재발해 다시 입원한 환자의 이야기를 들려주고자 한다. 아들이 있었는데, 어렸을 때 말썽을 많이 부려 속이 많이 상했었다. 아들 때문에 속상하다며 술을 마신 날도 많았다. 그런데 그 아들이 집을 나가 살던 중에 사망했다. 음주 후 사고라고 하는데 상황이 확실하지는 않다. 가슴이 너무 아파 장례를 어떻게 치렀는지도 기억이 나지 않는다. 지난번 퇴원 후 1년 넘게 단주를 했었고, 아들 장례를 치르는 동안에도 음주를 참았다.

그 이후 수주일이 지나 아들이 너무 보고 싶었던 그는 결국 아들이 마지막으로 있었다는 그 장소로 향하는 발길을 멈출 수가 없었다. 그리고 자신은 이미 술을 마시고 있었다. 아들이 살아 있을 때 한 번이라도 포근하게 안아줄 것을, 사랑한다는 말이라도 해줄 것을, 사고를 치고 다녀도 그래도 아빠는 너를 믿는다고 이야기해줄 것을 너무도 후회가 된다고 했다. 우리는 이렇게 무언가 없어져야만 그것에 대한 소중함을 느낄 수 있는 것일까?

알코올중독으로 입원했다가 제대로 치료받고 퇴원할 때에는 많은 사람들이 새로운 시작의 꿈으로 부풀어 있다. 더이상 망가지지 않겠다는 굳은 신념도 마음 깊숙한 곳에 자리한다. 그래서 퇴원하고 외래에도 오고, A.A. 모임도 빠짐없이 참석한다. 하지만 어느 순간부터 일이 더 소중해지기 시작한다. 외래도 굳이 자주 갈 필요가 없어 보인다. 항갈망제와 같은 약 또한 술을 마시지 않고 지내는 상황에서 꼭 먹어야 하는지 의문이 든다. A.A. 모임이 있는 날이면 이상하게 피치 못할 사정이 생겨 빠지게 된다. 그래도 술을 마시지 않는다. 이제는 더이상 음주 문제를 치료하지 않아도 잘 지낼 것 같은 생각이 든다. 그렇게 하루하루를 지내다가 또 언제부턴가 다음 날 출근하지 않아도 되는 금요일 저녁이면 막걸리를 마시고 있었다.

회복과 온전한 생활을 위해서는 정신줄을 놓으면 안 된다. 마냥 흘러가는 시간에 저절로 회복이 이루어지기만을 기다려서는 안 된다. 우리가 시작한 회복이라는 새로운 길은 여태 한 번도 와본 적이 없는 외국과 같다. 낯선 외국에서 여정을 제대로 보내기 위해서는 어디를 가고 무엇을 볼지, 어느 식당에서 무슨 음식을 먹을지 정신을 차리고 마음을 써야 한다.

회복을 향해 걸어가는 낯선 이 길에서 방향을 잃지 않고 의미 있는 보람을 얻을 수 있으려면, 마음 깊숙한 곳에서 자리 잡고 있는 본정신과 우리를 지켜주는 위대한 힘의 목소리에 항상 귀를 기울여야 한다.

위기는 우리에게 반드시 찾아온다. 위기가 없기를 기대할 수는 없다. 다만 위기를 잘 넘길 수 있도록 기도하고 준비할 뿐이다. 그런데 그 위기가 가장 위험할 때는 스트레스나 고민이 많을 때가 아니다. 내가 내 문제에 대해 둔감해지고 조심하지 않을 바로 그때다. 그래서 우리는 결코 우리의 문제를 가볍게 여겨서는 안 된다. 이렇게 오늘은 간다. 그리고 내일은 또 찾아올 것이다. 끊임없이.

어리석은 자는 멀리서 행복을 찾고,
현명한 자는 자신의 발치에서 행복을 키워간다.
- 제임스 오펜하임 -

'우리를 위해'

11단계는 기도와 명상의 중요성을 강조한다.
기도를 통해 자신이 아닌 신을 향해 마음을 집중하도록 권고하며,
명상을 통해 진정한 자신의 모습을 눈을 감고 바라보기를 조언한다.

요즘 참 힘들다. 몸도 마음도 다 편하지 않다. 의사로서 살아가는 데 가장 큰 기쁨은 환자의 호전인 반면에 가장 큰 고통은 점점 나빠져가는 환자의 상태다. 알코올중독이라는 질환이 만성적인 경과를 밟으며, 호전과 악화의 부침을 반복한다는 사실을 익히 알고 있음에도 불구하고, 환자의 말 한두 마디에 의사는 울고 웃기에 참 힘들다.

환자의 회복이 마치 자신만의 노력으로 인해서 일어난 듯 허영에 들뜰 때가 있는 것처럼, 환자의 악화가 모두 나 때문인 것처럼 느껴지는 경우가 있다. 환자들에게는 그들의 회복이 그들의

의지만으로 되는 것이 아니며 위대한 힘에 내어맡겨야만 해답이 있다고 그리도 줄기차게 반복적으로 외쳐왔건만, 정작 나 자신은 환자의 회복이 위대한 힘에게 있다는 사실을 쉽게 잊고는 자신의 무능함을 탓하며 허무해만 하고 있다.

질병 앞에서 기고만장해지는 순간, 패배를 맛볼 수밖에 없다. 이는 중독자나 치료자나 동일하다. 중독자들의 회복이 내 마음대로 되지 않으며, 재발을 반복하는 환자들을 볼 때마다 나 또한 실패와 좌절에 사로잡힌다. 치료자로서 나 스스로가 부족하고 못나서 환자가 재발한 것이라며, 10년 넘도록 해온 이 일에 대해 갑작스럽게 자신감이 사라지고 용기를 잃는다.

중독자의 회복을 내 뜻대로, 환자는 내 고집에 맞추어 따라와야 한다고 하는 우격다짐이 결코 그 사람에게 가장 적절하고 어울리는 회복자로서의 삶의 모습은 아니다. 항상 중독자 개개인을 별개의 인간으로 존중하고 그 사람의 모습 속에서 온전한 삶의 모습을 함께 찾아내야 한다. 하지만 치료자도 약점이 많은 인간이기에 욕심이 눈을 가리고, 성급함이 마음을 헤집어 놓는다.

11단계는 우리에게 기도와 명상의 중요성을 강조한다. 계획과 실행의 중요성을 강조해도 모자랄 판에, 우리에게 기도를 통해 자신이 아닌 신을 향해 마음을 집중하도록 권고하며, 명상을 통해 눈을 뜨고 성취를 위해 달려가기보다는 눈을 감고 진정한 자신의 모습을 바라보라고 조언한다. 달려가고만 싶은 나에게 왜 멈추라고 할까? 이제는 뭔가 좀 알 것 같고, 해볼 만할 것 같은 느낌이 들어서 조금만 더 힘껏 애를 쓰고 싶은데, 왜 날 붙잡아두려 할까?

내 욕심이 나를 망치기 때문이다. 나의 과욕이 내 눈을 멀게 하기 때문이다. 그리고 사실은 이러한 노력이 우리의 회복을 위한 방향이 아니기 때문이다. 우리에게는 내비게이션이 필요하다. 내가 아는 길이라고, 항상 가봤던 길이라고, 이제부터는 아는 길이라고 생각하던 바로 그때 우리는 재발했고 주저앉았다. 우리 마음 깊숙이 원래 내비게이션이 있었지만, 내가 가고 싶은 데는 따로 있었고, 지금도 여전히 본능적인 욕망은 내비게이션이 이끄는 곳이 아닌 내가 누리고 싶은 영광을 향하려고 한다. 꺼놓았던 내비게이션을 켜야 하고, 이를 위해서는 신을 향해 기도하는 것만이 유일한 답이다.

오늘도 나는 프로그램을 진행하기 위해 강의실로 들어서면서 성호를 긋는다. 외롭지만 그래도 서로 의지하며 회복을 향해 함께 가는 환우들을 생각하며, 나 또한 그들과 함께한 자리에 있는지 스스로를 돌아보기 위해서다. 그리고 내가 환우들과 나누는 이야기들이 결코 나 혼자만의 영광이나 내 생각에 대한 강요나 나의 주관에 얽매인 편견이 아닌, 하느님이 나와 그들을 이끄시는 그대로를 향해 갈 수 있기를 기도한다. 그것이 바로 나 자신을 위한 일도 아니고, 환우들이 자신만의 아집에 집착하는 일도 아니며, 회복을 향해 가는 우리 모두를 위한 일이기 때문이다.

어리석은 사람은 멀리서 행복을 찾지만

지혜로운 사람은 발 밑에서 찾습니다.

- U. 샤퍼 -

'명상'

•
•
●

마음속에 있는 '희망'이라는 보물을
'명상'을 통해 발견할 수 있다면
우리는 진정한 명상의 의미를 이해하게 된 것이다.

얼마 전 퇴원을 앞둔 개방병동의 환자들에게 "3~4개월 입원한 기간 중에 어떤 프로그램이 가장 좋으셨나요?"라고 질문한 적이 있다. 예전에 몇몇 환자들에게 내 강의가 인상 깊었다는 피드백을 받은 적이 있었던 나로서는 그래도 내가 보는 데서 "조근호 선생님의 강의요."라는 답이 큰 소리로 나올 거라고 내심 기대하고 있었다.

그런데 답은 참으로 의외였다. 과반수에 가까운 환자들이 가장 좋은 프로그램으로 '명상'을 꼽았다. 우리 병원에서는 아침식사 이후에 오전 회진 전까지 10~20분 정도 매일 명상 프로그램을 진행한다. 조용한 음악과 함께 자신을 돌아볼 수 있는 내레이션이 깔리는 방식이다. 지켜보면 적지 않은 환자들이 식곤증에 졸기도 하고, 일부는 병실을 벗어나 운동실이나 당구장에 가 있기도 한다.

물론 치료진들이 돌아다니며 명상에 참여하라고 격려하기는 하지만, 예전 중고등학교 시절에 등교 후 음악과 함께 들려오던 명상을 떠올리면, 그동안 환자들 입장에서 명상이라는 프로그램은 지겨울 수도 있겠다는 생각이 들었다. 하지만 그 명상을 많은 환자들이 자신에게 가장 많이 긍정적인 영향을 준 프로그램이라고 망설임 없이 선택했던 것이다.

명상은 그냥 멍하니 시간을 보내는 의미 없는 작업이 아니다. 제대로 된 명상을 위해서는 환경도 자세도 마음도 준비되어야 한다. 흔히 이야기하는 '멍 때리는 행동'과 '명상'은 명확히 다르다. 명상은 자기 자신의 상태를 제대로 바라보는 과정이다. 이를 위해서는 명상하는 그 순간 자신의 모습에 집중하는 것이 필요하다.

얼마 전 미국의 고등학교에서 심신자각Mindfulness 명상을 학생들에게 보급하는 내용이 담긴 다큐멘터리를 본 적이 있다. 진행자는 학생들에게 눈을 감으라고 하고 손에 아몬드를 하나씩 쥐어주었다. 눈을 감은 상태로 학생들에게 우선 만져보라고 함으로써 아몬드의 촉감과 질감을 느끼도록 했다. 그리고 냄새를 맡아보게 하고, 입에 넣어 혀와 볼을 통해 아몬드와 새롭게 만나도록 했다. 이후 씹어보도록 해 그 맛을 보게 했다. 학생들은 자신이 먹은 그 놀랍도록 새로운 맛의 정체가 아몬드라는 사실을 알고 새삼 놀랐다. 그들이 아무 생각 없이 익숙하기만 했던 이전의 아몬드와는 차원이 다른 새로운 맛으로 아몬드를 체험했기 때문이다.

이처럼 우리의 익숙함은 현실 속에서 물체나 상황의 진정한 가치를 빼앗아가버린다. 우리의 무관심은 우리가 결코 놓치지 말아야 할 소중함을 날려버린다. 그래서 항상 명상에서는 지금 이 순간에 집중할 것을 강조한다. 내가 존재하는 이 공간과 시간, 그리고 모든 감각과 감정, 충동을 있는 그대로 바라보라고 주문한다.

명상을 하는 동안 우리는 나와 내 주변을 바라보게 된다. 잊고 있었던, 아니 잊으려고 애썼던 나와 내 가족, 지인들을 떠올릴 수밖에 없다. 내가 나의 모습을 제대로 바라보면 내가 얼마나 아픈지, 어떤 상처가 있는지, 무엇이 내 속에서 변화를 가로막고 있는지 알 수 있다.

내 마음을 채우고 있는 부정적인 상태를 인식하면 고통스럽고 아프더라도 이겨낼 힘이 싹틀 수 있다. 현재의 내 모습을 자각함으로써 받아들일 수 있고, 사랑할 수도 있게 되는 것이다.

물론 이러한 자신의 모습을 제대로 바라보는 명상은 기존에 내가 수없이 반복했던 시행착오와는 달라야 한다. 세상을 다른 관점에서 바라보는 노력이 필요하다. 눈을 감는 것은 집중을 도와준다. 명상의 장소를 바꾸어보는 것도 권할 만하다. 만일 숲에 들어가 명상을 하는 경우 앉아서만 하는 것이 아니라 누워서 한다면 이것도 분명 새로운 시도다. 나무처럼 하늘을 바라보며 명상을 하는 것은 우리에게 여태까지와는 다른 시야와 느낌, 그리고 생각을 제공해주기도 한다.

우리 모두의 마음속에는 희망이 자리 잡고 있다. 아무리 힘든 상황을 겪고 있다고 할지라도 마음 한구석에는 '혹시나' 하는 긍정적인 욕구가 자리 잡고 있다. 명상은 워낙 오랜 시간 들춰보지도 않아 그 존재마저 잊어버렸던 희망의 씨앗을 찾아내는 과정이다.

사실 12단계는 우리에게 술을 끊을 수 있는 아주 구체적인 정보를 가르쳐주지는 않는다. 이렇게 하면 단주에 성공할 수 있다거나 위험을 피할 수 있는 답을 친절히 알려주지는 않는다. 하지만 '명상'이라는 도구로 단주보다 훨씬 더 큰 의미인 '희망'을 찾을 수 있다는 메시지를 분명히 전해주고 있다.

흔히 "복은 발명하는 것이 아니라 발견하는 것이다."라는 말을 한다. 마음속에 있었지만 찾지 못했던 희망이라는 보물을 명상을 통해 발견할 수 있다면 우리는 명상의 진정한 의미를 이해하는 것이다.

바로 이럴 때에 기도가 필요합니다.
믿지 않는 사람들에게는 반드시 기도가 아니더라도,
자신의 육신이 자신의 마음과 마주 앉아보자는 것입니다.
과연 무엇이 소중한가를 음미하는 명상이 바로 기도로 통하는 것입니다.
교회에 관계없이 초월하는 자세로 명상할 때 빛을 구할 수 있는 것이고,
또 내적으로 풍요를 누릴 수 있습니다.

- 『참으로 사람답게 살기 위하여』 (김수환 말씀, 신치구 엮음) 中 -

주제 넘는 참견

•
•
•

11단계에서는 나의 의도가 '신의 뜻'과 부합하는지 알고,
그리고 그 '신의 뜻'이 나의 직접적인 행동이 아닌
'신의 도움'으로 이루어지기를 '기도'하는 것이 더 적절하다.

얼마 전에 있었던 이야기다. 아들 셋의 아버지인 환자가 있었는데, 아들들은 이미 다 장성해서 군에 입대해 있거나 대학생이었다. 그 환자는 처음에는 입원 자체에 저항적이었지만, 이내 자신의 문제에 대해 심사숙고하고 알코올 문제를 인정했다. 그리고 순조롭게 병원의 치료 프로그램을 수행해 퇴원을 앞두고 있었고, 우리 병원에서는 이런 환자들에게 수료증을 수여하는 소박하지만 의미 있는 예식을 하고 있었다.

수료증 수여식에서는 다른 환우들 앞에서 술과 연관된 자신의 문제를 종합적으로 정리해 직접 발표하는 시간도 포함되어 있다.

그래서 일반적으로는 이때 환자의 부모나 부인이 그 자리에 참석해서 환자의 고백을 듣고, 앞으로 함께 할 미래를 다같이 격려한다.

그런데 이 환자는 그 자리에 반드시 자신의 아들들이 와야 한다고 강조했다. 프로그램에서 알코올은 유전적인 경향이 있다고 했으며, 자신의 아들들도 이미 술 문제가 시작된 것 같으니 그들의 술 문제를 미리 예방하기 위해서는 반드시 그 자리에 아들들이 참석해야 한다는 이야기였다. 물론 옳은 이야기였지만 문제는 그 의도와 방식에 있었다.

그 환자는 집안에서 항상 일방적이었으며, 가족들은 환자의 일방적인 주장에 어쩔 수 없이 끌려오기만 해왔다. 그 환자의 입장에서 자신은 항상 옳았고, 가족들은 항상 모자랐다. 이런 일방적인 강요는 가족의 불화를 가져왔으며, 그 환자가 술을 계속 마실 수밖에 없는 이유가 되었다.

그랬기 때문에 아들을 참석시켜야 한다는 환자의 말을 처음 들었을 때 망설일 수밖에 없었다. 아들들의 참석이 단순히 아버지의 회복을 기원하는 응원의 의미라면 모르겠지만, 수료증 수료식을 이용해서 아들을 조정하려는 의도가 너무나 두드러져 보였기 때문이다.

물론 그 의도가 선의善意라는 점에는 의심의 여지가 없었지만,

집안 식구에 대한 강압적인 태도가 앞으로도 여전히 지속된다면 이는 진정으로 온전한 삶을 바라보고 전진해가는 모습은 아니라고 생각했다.

온전한 회복의 길이란 내가 배우고 깨달은 온전한 삶으로 가족이나 친구들을 끌고 가겠다는 것이 아니다. 당연히 알고 있었던 것이었음에도 하지 않고 지내왔던 정도正道를, 신이나 다른 존재에 의해 다시금 인식하고 실천하는 길이다. 다른 사람의 변화를 돕는 일에는 아직은 시간이 더 필요하다. 만일 자신의 변화에 앞서 다른 사람의 변화를 강요한다면 거부감만 부를 뿐이다. 자신의 변화가 순조롭게 진행된다면, 다른 사람의 변화는 자연스럽게 따라온다. 하지만 어느 누구도 그 변화의 시기를 자신이 정할 수 없다.

우리는 이제 11단계까지 이르렀다. 이제는 웬만큼 12단계 프로그램에 대해 안다고 할 수 있다. 처음 12단계를 접했을 때와 같은 혼란스러움은 이제 없다. 회복이 무엇인지, 온전한 삶이 무엇인지, 왜 우리는 단주를 유지해야 하는지에 대한 고민과 망설임은 없다.

그런데 언제부터인가 다른 사람의 허물이 눈에 보이기 시작한다. 나의 회복을 도와주기는커녕 나에게 방해가 되는 가족의 태도가 걸리적거린다. 그렇게 잔소리가 시작되고, 원망스럽고, 급기야 서로 비난까지 하게 된다. 이 상태에서 가족들은 나에게 "당신이나 잘해요."라고 반응한다.

아들을 향한 걱정이 잘못이라는 말은 아니다. 하지만 아들을 진정으로 걱정한다면 그 걱정을 나의 직접적인 압력을 통해 해결하려는 시도는 아직 적절하지 않다. 그래서 11단계에서는 나의 의도가 '신의 뜻'과 부합하는지 알고, 그리고 그 '신의 뜻'이 나의 직접적인 행동이 아닌 '신의 도움'으로 이루어지기를 '기도'하는 것이 더 적절하다. 흔히 나의 행동과 나의 뜻이 마치 내 기도에 대한 신의 응답인 것처럼 결국 행동하기 때문이다.

그 행동이 나의 뜻이 아니라 신의 뜻이라는 것은 결국 진정성에 의해 드러난다. 아들이 이번 기회를 통해 술을 멀리하게 되면 내 마음이 편해지고 내 걱정이 줄어들 것이기 때문에 아들을 수료식에 초청하는 것이 아니라, 음주 문제라는 것이 가지고 있는 가족력의 위험성과 자신의 행복에 미치는 해로움이 너무도 크다는 것을 내 아들이 깨달을 수 있도록 기도를 통해 노력하는 것이다. 이것이 지금의 우리 알코올중독자의 태도로 더 바람직할 것이다.

물론 언젠가 나의 의도가 내 양심이나 위대한 힘에 거스르는 것 없이 자연스럽게 드러날 정도로 영적인 성숙이 이루어지는 그날에는 직접 말과 행동을 통해 참견하는 것이 무리가 없을 것이다. 그때 우리의 행동은 '주제넘은 참견'이 아닌 '진정어린 충고'일 것이기 때문이다.

사랑이란 하나를 주고 하나를 바라는 것이 아니며,
둘을 주고 하나를 바라는 것도 아니다.
아홉을 주고도 미처 주지 못한 하나를
안타까워하는 것이다.
- 레스 브라운 -

12단계는 세 가지의 목표를 제시하고 있는데, 그 답은 열두 번째 단계에 있다. 첫째는 삶의 의미를 깨닫는 영적 각성이며, 둘째는 그 소중함을 알리는 메시지 전달이고, 마지막은 이러한 삶이 일상이 되도록 하는 매일의 노력이다. 단주를 선택하고 실천하는 것도 '나 자신'이고, 그 결과로 기쁨을 누리는 것도 '나 자신'이다. 이러한 과정을 이끄는 것은 위대한 힘에 대한 '나 자신'의 전적인 의탁이며, 그것이 바로 건전한 본정신이다.

12단계

—

영적 각성과 메시지 전달

"이런 단계들의 결과, 우리는 영적으로 각성되었고, 알코올중독자에게 이 메시지를 전하려고 노력했으며, 우리 일상의 모든 면에서도 이러한 원칙을 실천하려고 했다."

생활의 기쁨

마지막 열두 번째 단계가 되어서야 우리는 진실을 알았다.
우리가 해야 하는 일이 무엇인지
이제야 제대로 알게 되었다.

처음 『12단계와 12전통』을 처음 읽었을 때가 떠오른다. "생활의 기쁨이 A.A. 12단계의 주제이며, 실천이 바로 핵심이다."라는 문장을 읽으면서 무엇인가에 뒤통수를 맞은 듯한 느낌이었다. 당연히 12단계의 주제는 단주라고 생각했고, 어떻게 술을 마시지 않을지가 핵심이라고 막연히 추정했었는데, 12단계의 주제가 단주가 아닌 '생활의 기쁨'이라는 것이다.

사실 12단계 어디를 봐도 "이렇게 하면 술을 끊을 수 있다."라는 구절은 쓰여 있지 않다. 질병의 직접적인 원인을 밝혀 그것을 제거하는 것이 치료의 기본적인 원리라고 배워온 의사로서 알코올의존의 문제는 어떻게 인생에서 알코올을 배제하느냐가 가장 중요한 치료 작업이라고 생각해왔는데, 정작 70년이 넘는 세월 동안 알코올의존자들의 든든한 버팀목이었던 12단계의 주제가 단주가 아닌 생활의 기쁨일 거라고는 상상조차 하지 못했다.

이제는 그 사실이 낯설지 않다. 아니, 익숙함을 넘어서 다행스럽기까지 하다. 공부하는 학생이 공부를 하는 이유가 대학 진학이라면 얼마나 슬픈 일인가? 밤잠을 참아가며 공부하는 목표가 좋은 대학에 진학하는 것으로만 알고 있는 많은 학생들이 대학에 입학한 후에야 삶의 목표와 방향을 잃고 방황하는 모습을 우리는 그동안 얼마나 많이 봐왔던가.

알코올의존자인 우리의 목표가 단지 술을 끊는 것에 머물러 있다면, 결국 우리는 지금까지 살아왔던 생활 패턴에서 벗어나지 못할 것이며, 고집을 버리지도 못할 것이고, 원망과 후회로 인해 시름하며, 삶에 감사하면서 아침에 눈을 뜨거나, 하루의 평안함에 기뻐하며 잠자리에 들지도 못할 것이다.

알코올 병동에서 근무하다 보면 입원하고 며칠 지나지 않아 "제가 알코올중독자였군요. 이제 알았어요. 술만 마시지 않으면 되죠? 걱정 마세요. 내가 다시는 그 술 마시나. 그러니 퇴원시켜 주세요."라고 말하는 환자들을 자주 본다. 도대체 이 사람들은 무엇을 알았다는 것일까? 그들은 자신의 문제를 제대로 바라보지도 않으면서 아는 척하고, 주위 사람들의 근심 어린 충고에는 화만 내고, 문제가 어디에서 발생하든 막다른 골목으로 자신을 몰고는 결국 술만이 위로해준다는 듯이 문을 걸어 잠그고 술에만 매달리는 자신의 모습을 언제쯤에나 직면할 수 있을까?

술을 끊는 것은 목표가 아니고 과정임을, 그래서 온전함을 향한 하루하루가 모여 회복이라는 즐거움을 만들어나가는 것이 진정한 목표임을 A.A.에서는 '12단계' 중 마지막 열두 번째 단계에 와서 말하고 있다. 왜일까? 무슨 이유로 첫 단계에서 주제를 이야기해주지 않고, 이렇게 마지막 단계가 되어서야 "실은 원래 우리 목표는 단주가 아니었어."라고 고백하는 것일까?

슬프지 않을 수 없다. 우리에게는 눈이 있어도 보지 못했고, 귀가 있어도 듣지 못했구나. 만약 1단계에서 우리에게 "12단계의 주제는 생활의 기쁨이야."라고 말하고 시작했더라면, 그 의미를 우리는 이해했을까?

위대한 힘을 받아들이고, 정직하게 자신의 문제를 고백하고, 다른 사람들에게 보상을 해나가고 있는 이제에 와서야, 우리가 어떠한 길 위에 있고 어디를 향해 가고 있는지 조금은 알게 된다. 영적인 각성이란 무슨 의미인지 도대체 이해하기 어려울 수도 있지만, 어쩌면 우리의 목표이자 12단계의 주제가 '생활의 기쁨'

이라는 것에 고개를 끄덕이게 되는 것이 바로 우리가 영적으로 깨우쳐가고 있다는 변화의 분명한 증거일 것이다.

그런데 12단계의 주제가 생활의 기쁨이라는데, 어떻게 하면 우리의 삶이 기쁨에 가득 찰 수 있을까? 어떻게 하면 이혼 위기에 몰려 있고, 직장에서는 권고사직되고, 아이들과의 관계 또한 이미 멀어질 대로 멀어져버린 지금, 하루아침에 지긋지긋하던 우리의 생활이 갑자기 기쁨으로 충만해진다는 것은 거의 불가능해 보인다. 우리가 살아가고 있는 현실에서 기쁨이라는 단어는 전혀 어울리지 않아 보인다. 어쩌면 수억 원짜리 복권에 당첨되어 주변의 갈등을 단번에 돈으로 해결하거나, 신데렐라 앞에 나타난 왕자처럼 누군가 나를 구해주지 않으면 절대로 이 나락에서 빠져나올 수 없을 것 같다.

하지만 우리의 기쁨은 이러한 허황된 기대를 포기함으로써 찾아온다. 생활의 기쁨은 일확천금으로 살 수 있는 것이 아니라 매일매일 흘리는 땀방울로 인해 가능해진다. 사실 생활의 기쁨은 그동안 없었던 것이 새롭게 생겨서 누릴 수 있게 되는 것이 아니라, 기존에 있었던 것을 기쁜 마음으로 바라볼 수 있음으로 인해 가능해지는 것이다. 새로운 무엇을 바라는 것이 아니라 가지고 있던 욕심을 비워야 하는 것이다.

회복은 발명하는 것이 아니라 발견하는 것이라고 했다. 생활의 기쁨도 그러하다. 보지도 듣지도 못했던 낯선 일을 새롭게 해야 갖게 되는 것이 아니라, 마땅히 해야 하는 일을 성실히 하다 보면 자연스럽게 내 주변을 채우고 있는 것이다.

열두 번째 단계가 될 때까지 12단계는 우리에게 들려주고 싶은 말을 참아왔다. 얼마나 답답했을까? 마지막 단계가 되어서야 우리는 비로소 왜 여기까지 왔는지 이해하게 되었다. 1단계를 할 때는 시작이 반이라며 이미 우리가 무언가 많은 것을 해낸 것처럼 이야기했다. 하지만 마지막 열두 번째 단계가 되어서야 우리가 해야 하는 일이 무엇인지, 이제야 진실을 제대로 알게 되었다. 술을 통해서 우리의 욕망을 채우고 그 크기를 계속 키워왔던 우리가 비우고 버리고 줄이는 법을 새롭게 익혀나가는 것, 서툴고 어색하기만 한 새로운 삶의 방식은 실은 이제야 시작하는 것이다.

많은 사람들은 있는 그대로의 자신의 삶을 인정하기 싫어한다.
사는 동안 겪게 되는 많은 체험 중에는 인정하고 싶은 부분도 있고
부정하고 싶은 부분도 있다. 하지만 그 부정하고픈 체험 속에
실로 엄청난 보석이 숨어 있는 경우가 많다.

- 『그대를 만난 뒤 삶에 눈떴네』 (레이첼 나오미 레멘 지음) 中 -

‘영적인 각성’

12단계의 주제는 ‘삶의 기쁨’이다.
그런데 삶을 기쁘게 여길 수 있으려면 ‘영적인 각성’이 필요하다.
영적인 각성 없이 결코 나의 삶은 행복해질 수 없다.

4년 전 처음 12단계 프로그램을 맡았을 때가 떠오른다. 중독을 전공하는 정신건강의학과 의사라고 해도 12단계는 여러모로 범접하기 어려운 것이 사실이다. 그 원인 중 하나가 12단계에 나오는 ‘영적 각성’이라는 단어 때문이다.

‘영적 각성’을 떠올리면서 차라리 12단계는 목사님이나 신부님과 같은 성직자들이 담당해야 하는 영역이 아닐까 생각했었다. 그래서 내가 12단계 프로그램을 해야 하는 상황이라는 것을 받아들일 수밖에 없으면서도, 사실은 그렇게 피하고 싶었다. 또한 프로그램을 맡으면서 『12단계와 12전통』이라는 얇은 책자 하나만 달랑 주어졌을 뿐, 기존 진행자가 사용한 교안이나 강의안이 전혀 없어 난감했다.

매주 금요일 아침 10시가 되면 12단계 책을 가지고 프로그램을 하러 올라간다. 12단계를 읽은 후에 같이 이야기를 나누며, 덧붙이고 싶은 내 이야기를 곁들이며 1시간을 보낸다. 그렇게 진행하다 보면 1단계에서 시작해서 12단계까지 도달하는데 약 1년이 걸린다. 그래서 이 프로그램을 지금 네 번째로 하게 되었다.

12단계가 어떤 의미인지, 우리 환우들에게 어떤 메시지를 전달하는지, 교육을 하는 내 삶에는 어떠한 의미를 주는지, 나 스스로의 삶은 12단계 때문에 어떻게 변해왔는지 이제야 조금씩 보인다. 단어 하나하나가 예사롭게 보이지 않고, 생각하면서 고개를 끄덕이게 된다. 12단계는 치료자로서의 내가 아니라 인간으로서의 나를 바라보도록 하고, 삶에 대해 감사할 수 있도록 해준다.

12단계의 주제는 '삶의 기쁨'이다. 그런데 삶을 기쁘게 여길 수 있으려면 '영적인 각성'이 필요하다. 영적인 각성 없이 결코 나의 삶은 행복해질 수 없다. 12단계까지 오면서 우리는 자신의 문제를 인정하고 정직하게 받아들였으며, 그 과정이 결코 교만해지지 않기를 기도했다. 다른 사람과 내 자신에 대한 잘못을 시인하고 그들에게 보상하기로 마음먹었으며, 이러한 변화가 나의 잔머리에 의한 것이 아니라 신의 뜻이기를 소망했다. 그래서 우리는 세상에 진심으로 용서를 빌 수 있었고 화해할 수 있었으며, 다시 당당하게 사회로 나아갈 수 있었다.

영적인 각성이란 너무도 어려운 말처럼 느껴진다. 계룡산에 들어가 폭포 밑에서 면벽수도面壁隊道를 해야 가능할 것 같다. 하지만 그저 한 인간으로서의 영적인 각성은 그리 대단한 모습으로 시작되는 것은 아니다.

더욱이 12단계에서 알코올중독자인 우리에게 말하고자 하는 영적인 각성이란 어쩌면 주변 사람들의 이러한 말에서 드러날지 모른다. "재 좀 요즘 변한 것 같지 않아? 예전에 그렇게 많던 짜증도 줄어들었고, 다른 사람에 대한 배려도 늘었어. 무척 이기적이고 자기밖에 모르던 사람이었는데, 요새는 입장 바꿔 생각할 줄도 아네. 쉽게 흥분도 잘 안 하고. 최근에 화 내는 것도 본 적이 없는 것 같아."

스스로 기고만장해진 것에 의한 결론이 아닌, 주변 사람들에게서 들리는 소리가 이렇다면 정말로 조용히, 하지만 흐뭇하게 자신에게 격려해주어도 좋을 것이다. '자식, 잘 하고 있어. 이런게 영적인 각성의 시작이야.'라고 말이다.

그런데 이렇게 시작된 영적인 각성은 언제쯤 어떠한 모습으로 완성될까? 의학적으로는 음주 문제에 대한 기준이 1년이기 때문에, 1년 이상 음주를 하지 않고 지내면 알코올사용장애라는 질병으로 현재 상태를 진단할 수 없다. 그러나 실제로는 단주를 1년 이상 한 사람이 한 잔이라도 입에 술을 대면 다시 예전의 모습으로 돌아가는 것이 무척 흔하다. 그래서 단주 여부만 가지고 그 사람의 '회복'을 이야기할 수는 없다. 그렇다면 2년이면 될까? 5년이나 10년이면 충분할까?

결국 이러한 시기를 따지는 것 자체가 의미가 없다. 시간이 간다고 저절로 완성되는 것은 결코 아니기 때문이다. 완성이 되었다고 생각하는 날이 있다면, 어쩌면 그날이 진정한 완성에서는 가장 멀어져버린 날이 될 수도 있다. 나에게 문제가 사라졌다고 생각하는 그 순간, 나의 1단계는 너무나도 허무하게 무너져버린다. 어쩌면 영적인 각성이란 내 노력의 성과에 조급하게 매달리지 않고, 그저 하루의 소중함을 감사히 받아들이며, 다른 사람과 어울려 살아갈 수 있는 것이 아닐까?

일전에 들었던 단주 20년차 회복자의 송년사가 귓가를 맴돈다. "이건 저 혼자의 힘으로 해낸 것이 아닙니다. 혼자의 힘으로 하려고 했다면 이미 몇 번이고 포기했을 것입니다. 처음에는 제가 잘나서 단주를 유지하는 줄 알았습니다. 무척 힘든 하루하루

였습니다. 하지만 이내 깨달았습니다. 나는 그저 이 길에 있으려고만 했고, 그 나머지 단주를 도와준 존재는 모두 제게 위대한 힘이었습니다. 그다음부터의 단주는 쉬웠습니다. 저는 그저 감사만 하면 되었습니다."

외부로부터 갈채만 구하는 사람은
자신의 모든 행복을 타인에게 맡기고 있다.
- 데일 카네기 -

성장

•
•
●

우리는 6장에서 '소년에서 어른으로'라는 주제에 대해 다루었다.
그러나 우리가 어른이 된 듯하다고 그곳에서 멈추어버리면,
우리에게 성장은 없다.

참 신기한 일이다. 어느 정도 알코올중독자라는 사실에 대해 받아들이고 변화하려고 노력했던 사람이 재발을 하면, 어느 순간 그 사람이 한창 술을 마시고 살았던 바로 그 시절로 돌아가버린다. 자신이 강제적으로 입원을 당할 수밖에 없었다는 점에 대해 인식하고, 입원치료를 결정해준 부모에게 분노를 대신해 감사함을 표현했던 바로 그 사람이, 재발하면 술에 취해 부모에게 전화해서는 5년 전에 자신을 왜 입원시켰었느냐고 성내며 술주정을 해댄다. 음주 문제로 가족 모두가 고민하다가 결국 입원을 결정할 수밖에 없었던 그 당시의 상황에 대해서는 외면해버리고, 입

원치료로 인해 자신이 시간을 허비해버렸다며 되려 따지고만 든다. 술을 깨고 나서 이 사람은 다시 모든 것을 이해한 듯 행동한다. 하지만 또 술을 마시면 옛날 일을 들추어낸다. 음주 문제에 대해 아는 것 같기는 한데, 이해한 문제를 바탕으로 반드시 진행해야 하는 성장은 아직 요원하다.

한 환자가 폐쇄병동에 입원을 한다. 이 환자는 머릿속에 퇴원할 생각밖에 없다. 술이 좀 깨고, 전화가 가능해지면 보호자에게 퇴원만 집요하게 요구한다. 하지만 왠지 보호자의 반응은 냉정하고 단호하다. 쉽게 퇴원할 수 있을 것 같지 않다. 그러면 주변 사람들이 눈에 들어온다. 어떤 사람들은 얄미울 정도로 자기중심적이지만, 또 어떤 사람은 다른 환우들에 대한 배려도 있고 가족들이 면회 오면 서로 걱정하느라 눈시울이 뜨겁다. 알코올교육도 듣고, 집단상담도 하고, 개인면담도 하면서 자신이 살아온 세월을 돌아본다. 갑자기 부인에게 미안해지고 삶을 새로 시작하고 싶어진다. 변화는 이렇게 시작한다. 희망의 씨앗에 싹이 트인 것이다.

그러나 한 번 이런 마음이 들었다고 해서 알코올중독이라는 몹쓸 병이 다 나은 것은 아니다. 이 시점에는 면회 온 가족에게 앞으로 잘하겠다고 다짐을 한다. 물론 퇴원해야 하는 여러 다른 이유도 들고, 혹시 퇴원을 시켜주지 않으면 가만 두지 않겠다고 협박하는 것도 잊지 않는다. 이내 가족들의 반응은 다시 냉랭하고, 잠시 누그러져 있던 분노는 다시 치밀어오른다. 큰소리를 내고 욕을 하고, 결국 가족들은 "아직 멀었네요."라며 돌아가버린다. 가족들이 떠나가고 자신의 행동을 되돌아본다. 그리고 다시 반성한다. '그래, 아직 멀었다는 말이 옳구나.' 또 한 번 중독자는 성장한다. 멈추면 이는 성장이 아니다. 회복이라는 나무의 성장은 끊임없이 지속해야만 한다.

공자는 『논어論語』의 「위정편爲政篇」에서 사람의 발달에 대해 이렇게 말했다. "나는 서른에 자립했으며, 마흔이 되어서는 세상일에 정신을 빼앗겨 판단을 흐리는 일이 없게 되었고, 쉰이 되어서는 하늘이 정한 뜻을 알게 되었다. 예순이 되어서는 남의 말을 순순히 받아들이게 되었고, 칠순이 되어서는 내가 하고 싶은 대로 해도 사람이 지켜야 할 도리를 어긋나지 않게 되었다."

즉 공자 같은 사람도 의존적인 때가 있었으며, 세상의 유혹에 흔들린 적이 있었고, 다른 사람과 갈등도 있었으며, 도리에 어긋나는 일을 했다는 말이다. 공자가 이런데 하물며 우리 같은 보통 사람은 그 깨달음이 당연히 더디게 오지 않겠는가?

12단계에서는 그러한 미성숙한 우리의 모습을 극단적인 두 가지 예를 들어 설명한다. 다른 사람에게 신처럼 군림하는 모습과 다른 사람에게 항상 의존적인 모습이다. 두 가지 모습은 완전히 상반되어 보이지만 사실은 많은 점이 유사하다. 이들은 항상 내가 요구하는 것을 다른 사람이 채워주지 않는다는 불만이 그러하다. 권력에 기대어 일방적인 복종을 요구하는 사람이나, 무슨 결정을 하려고 해도 항상 다른 사람만 쳐다보고 있는 사람 모두 주체적인 모습은 없다. 다른 사람의 희생이나 원조가 자신의 위치를 대신하고 있다. 우리가 제대로 성장한다는 것은 우리가 있어야 할 바로 그 자리에 스스로 우뚝 서는 것이다.

이것이 12단계의 비밀이다. 12단계는 어른스럽게 장성한 우리의 변화를 주문한다. 1단계부터 우리 스스로의 모습을 형편없는 듯이 표현하고, 나름대로의 노력이 실패했다고 이야기한 것은 우리가 어른스럽지 못했기 때문이다. 우리가 너무 유치하고 어린아이 같았기 때문에 그러한 우리의 모습을 깡그리 무시했던 것이다. 그리고 이제 12단계에 와서 어른스러운 우리를 비로소 주인공으로 초대한다. 바로 인생의 참 주인공으로 말이다.

다시 한 번 생각해보자. 술을 누구 때문에 끊는 것인가? 누구의 강요로 인해 이 선택을 한 것인가? 정말로 내키지 않는데 여기까지 끌려온 것인가? 답은 명확하다. 술은 바로 우리 자신을 위해 끊는 것이다. 그리고 그 결심을 하고 실천하고 그 열매의 주인이 될 사람은 바로 우리 자신이다. 만일 드라마의 주인공이 끝까지 얄밉고 자기중심적이라면 그 주인공의 역할은 악역일 수밖에 없을 것이다. 드라마의 주인공이 끝까지 줏대가 없고, 상황에 따라 이리저리 흔들린다면, 조연 중에 다른 누군가가 주인공의 역할을 대신하고 있을 것이다. 성공한 드라마의 멋진 주인공이 되기 위해서는 곤경을 뚫고 일어서는 모습을 주인공이 스스로 해나가야 한다.

얼마 전 드라마에 〈전국노래자랑〉의 진행자인 송해 씨가 나와서 자신이 프로그램 사회자 일을 45세에 시작해 35년간 해왔다고 말하는 것을 보았다. 송해 씨는 45세에 〈전국노래자랑〉을 시작하면서 자신의 드라마의 주인공이 되었다. 지금 여러분의 나이가 어떤지는 모르겠지만, 여러분의 드라마는 지금 시작된다.

욕심 많은 사람들의 특징을 살펴보면 감사하지 못한다.
한도 끝도 없는 욕심을 채우려고 애쓰는데 언제 감사할 시간이 있는가?
감사하지 못하는 사람에겐 기쁨이 없다.
기쁨이 없다는 이야기는 결국 행복하지 않다는 말이다.
감사하는 사람만이 행복을 움켜쥘 수 있다.
감사하는 사람은 행복이라는 산의 정상에 이미 올라가 있다.

- 『사는 맛 사는 멋』 (황창연 지음) 中 -

다시 한 번 '우리'

•
•
•

12단계는 세상으로 돌아가는 과정이다.
나만의 고집과 욕심에서 벗어나기 위한 노력이다.
이를 위해서 지금까지 '나'를 버리는 연습을 반복해왔다.

많은 사람들이 12단계를 처음 접하면 상당한 거부감을 갖는다. 술을 많이 마시기는 하지만 나의 삶을 수습할 수 없게 되었다는 것을 강조하는 1단계와 스스로의 의지가 아닌 위대한 힘만이 내 본정신을 돌아오게 해줄 것이라고 말하는 2단계를 보면서, 그냥 책을 덮어버리는 사람들도 적지 않다. 이들은 12단계가 마치 자신을 인생에 실패한 낙오자라고 몰아세우는 것 같아 불편해했다. 술을 마셨지만 그래도 열심히 산다고 살아왔던 '나'라는 사람에게 자신의 인생에서 뒤로 물러서고, 남들이 하는 이야기에만 따르라고 하는 것 같아 거북스러워했다.

하지만 12단계의 마지막에 이른 지금 12단계에서 포기하라고 했던 것은 나 자신의 본정신이 아니라 술에 지배당해 병들었던 자아라는 사실을 깨달았다. 12단계에서 가장 중요한 것은 '위대한 힘'에 의해 되찾게 된 '본정신'인 것이다. 12단계를 통해 얻게 되는 행복은 신의 것도 아니고, 다른 사람의 것도 아닌, 결국 나의 것이다. 이 어렵고 어려운 회복의 과정은 결국 나 자신을 위해서 자신이 진정한 주인공이 되어가는 여정인 것이다.

둘째 딸이 초등학생이라, 토요일에 초등부 미사에 갈 때가 있다. 그런데 미사 말미에 신부님께서 아이들에게 큰 소리로 하는 질문이 있다. "이 세상에서 예수님이 가장 사랑하는 사람은 누구?"라는 질문이다. 그 질문을 처음 듣고는 참 낯설었다. 성당에 나가고 미사를 보고 교리를 배우면서도 이 모든 일이 누구를 위해서일지 생각해본 적이 없었다. 물론 내가 아쉬울 때마다 무의식적으로 하느님을 찾고 기도하곤 했지만, 그래도 신앙을 갖는 목적이 누구를 위해서인지 질문해보지는 않았다. 그런데 당연하게도 그 신부님의 질문에 대한 답은 '나'였다. 신이 가장 사랑하고 소중히 생각하는 사람은 우리 모두 저마다의 '나'인 것이다.

여기서 우리는 다시 시작한다. 신이 사랑하고 소중히 생각하는 '나'라는 의미를 인식함으로써 변화의 주인공으로 새롭게 태어난다. 그런데 예전의 나와는 격이 다른 '나'다. 술에 사로잡혀 있을 때에는 본능에 충실한 나만을 고집했다. 마시고 싶은 술은 마셔야 했고, 내가 하는 주장에 다른 사람들은 따라야 했다. 주변 사람들의 고통과 희생은 안중에 없었다. 그저 내 욕구만 충족되면 그만이었다. 내 욕구는 항상 그럴 만했고, 이러한 나를 이해해 주지 않는 사람들은 원망의 대상이었다. 하지만 열두 번째 단계에 와서 새롭게 내 인생의 주인공으로 등장한 '나'는 사람들과의 어울림 속에 자리 잡은 나다. 우리에게 고통을 주는 것도 사람이지만, 우리에게 가장 진한 감동을 주는 대상도 사람이다. 그리고 그 사람이 가까울 경우에는 더욱 그렇다.

12단계를 마무리하는 지금에 와서, 우리의 각성과 실천을 다시 이야기한다. 나밖에 모르던 '나'가 아니라 '우리'와 함께하는 '나'이기 때문이다. 내가 하고 싶거나 얻고 싶은 것을 주장하는 것보다 먼저 내 주위에 있는 사람의 요구와 그들이 필요한 것을 생각하고 실천하자는 것이다. 물론 많은 중독자들이 이전에도 이미 주변 사람들에게 많은 봉사를 해왔다. 동네에서 방범대원 활동을 하기도 했고, 어떤 협회에 가서 봉사했던 사람들도 많다. 그런데 이러한 봉사는 사실 나의 만족을 위한 봉사였고, 내 명함에 한 줄 더 적기 위한 주책이었다. 나의 오지랖 때문에 내 가족들의 희생은 필수적이었다. 하지만 '우리'라는 사회 속 나의 모습은 내가 그 중심에 있지 않으며, 내 욕심이 내 행동을 좌지우지하는 것이 아니어야 한다. 함께 어울려 살기 위해서는 상대의 아픔과 걱정에 공감하고 그들의 바람을 수용해야만 한다.

12단계는 세상으로 돌아가는 과정이다. 나만의 고집과 욕심에서 벗어나기 위한 노력이다. 이를 위해서 지금까지 '나'를 버리는 연습을 반복해왔다. 아무리 병든 나라고 하지만 이것을 버리기는 쉽지 않다. 그래서 12단계는 어느 한순간 마무리되지 않고 반복된 고민과 연습이 필요하다. '나'가 존재하지 않는 한 세상은 없다. 하지만 '나'만을 고집하는 한 세상이 떠난다. 내가 존재하기 위해서는 병든 나를 과감히 버리고 진정한 우리 사회로 들어서는 것밖에는 없다. 그래서 다시 한 번 '우리'다.

나 하나 물들어
산이 달라지겠느냐고도
말하지 말아라.
내가 물들고 너도 물들면
결국 온 산이 활활
타오르는 것 아니겠느냐.

- 조동화('나 하나 꽃피어' 중) -

에필로그

어쩔 수 없는 것과 어쩔 수 있는 것

하느님
어쩔 수 없는 것을 받아들이는 평온함을 주시고,
어쩔 수 있는 것을 바꾸는 용기를 주시고
그리고 이를 구별하는 지혜도 주소서.
우리가 딱 오늘 하루만을 살아가게 인도하시고
고난을 평화로 가는 통로로 받아들이며
우리가 과거에 행한 것과 현재의 상태들을
있는 그대로 받아들이게 하소서.
그리고 제가 하느님의 뜻에 따라 모든 것을 포기한다면,
하느님께서 모든 것을 올바로 고쳐 주신다는 것과
이런 삶에서만이 진정한 행복이 있고,
오직 하느님과 함께 살아갈 때만이
영원한 평온함이 찾아옴을 믿게 하소서.

- 작자 미상 (라인홀트 니버의 '평온함을 청하는 기도' 확장 기도문)

12단계라는 내용을 가지고 글을 쓰겠다고 마음먹은 지 어느덧 1년이 넘어버렸다. 12단계 교본에 맞추어 집단치료를 해나가고, 그 집단치료의 내용을 바탕으로 글을 정리하다 보니 이렇게 되고 말았다.

원래 글을 쓸 때 원고를 의뢰받아 주제를 정하고, 목차를 정하고, 내용을 기술해나가는 것이 일반적이다. 그래서 출판사에서 목차를 달라는 메일을 계약하고 얼마 되지 않아 받았다. 그런데 목차는 12단계의 흐름에 따라 할 예정이고, 내용이야 교본에 실려 있는 것을 가지고 환자들과의 나눔을 정리하는 것이니, 원고를 의뢰받은 그 당시에 전체 목차를 정리해서 줄 수가 없었다. 그래서 출판사를 설득해, 원고를 작성해가면서 목록을 정하겠다고 하고 마무리했다.

매주 집단치료가 마무리되고 이를 정리하면서, 각 단계에 맞추어 원고를 정리해나갔다. 그런데 마무리를 하는 즈음에 내가 이 책을 정리하면서 우리 중독자들에게 전달하고자 하는 메시지가 무엇인지 생각하게 되었다. 혹시 매주 매주 시간을 두고 내용을 정리하다 보니, 전체를 꿰뚫는 일관성 있는 핵심이 내 글에 들어 있는지 의문도 들었다. 그저 그날그날의 일을 짜깁기만 해놓은 것은 아닌지, 결국 산만하게 늘어놓은 넋두리나 잡담의 조합은 아닐지 걱정되었다.

그 상황에서 내 눈에 들어온 구절이 바로 '어쩔 수 없는 것과 어쩔 수 있는 것'이었다. 초등학교에 다니는 막내 딸의 과학 교과서에 물질을 분리하는 방법에 대한 설명이 나온다. 모래 속의 쇳가루를 분리하는 방법이나 나무톱밥 속의 자갈을 분리하는 방법 등이 그것이다. 그런데 이것들을 어쩔 수 없는 것과 어쩔 수 있는 것으로 구분하자고 하는 이유가 무엇일지 생각해보았다. 그러다 문득 '어쩔 수 있는 것을 위해서 최선을 다하자는 말이구나.'라는 생각에 닿았다.

많은 알코올중독자들이 처음에는 우리가 어쩔 수 없는 지경에 이르렀다는 것 때문에 힘들어한다. 그리고 어쩔 수 없는 그 상황을 부정하거나 모른 척하기 위해 더 술을 마신다. 하지만 이제는 어쩔 수 없는 것 속에서 어쩔 수 있는 것을 골라내어 의미 있는 삶을 위해 노력한다. 이것이 바로 내가 12단계를 통해 우리 중독자들에게 전하고 싶은 메시지다. 즉 '희망'이다.

우리의 허물은 알코올중독이라는 판도라의 상자를 열면서 전부 튀어나왔다. 이제 그 상자에는 '희망'이라는 보물이 숨겨져 있다. 그래서 우리는 살 수 있는 것이며, 살아야 하는 것이다.

『중독으로부터 회복을 위한 12단계』 저자와의 인터뷰

Q 『중독으로부터 회복을 위한 12단계』 소개와 함께 이 책을 통해 독자에게 전하고 싶은 메시지는 무엇인지 말씀해주세요.

A 우리가 낯설고 불편해하는 알코올중독자와 더불어 그들의 치료법인 12단계 프로그램 또한 부담스럽습니다. 저도 외면했던 12단계를 지난 5년간 알코올 전문병원에서 치료과정에 적용해보니 매우 새로웠습니다. 12단계에서 항상 강조하던 "술 끊는 것이 아닌 온전한 삶으로 복귀하는 것이 중요하다." "영적인 성장이 필요하다."라는 말이 예전에는 뜬구름 잡는 말 같았는데, 실제 회복에 이른 중독자들을 접하면서 무슨 뜻

인지 알았습니다. 이 책을 통해 예전의 나와 비슷하게 생각하는 동료들과 환우들도 그 깨달음을 얻을 것입니다. 저는 이렇게 말하고 싶습니다. “어렵다고 생각하지만 말고, 마음을 열고 12단계를 들여다보자. 의문이 들더라도 시작해보자. 하다가 힘들어도 지속해보자. 그럼 알게 될 것이다. 왜 12단계가 답인지.”

Q 알코올중독을 극복하는 방법으로 12단계를 제시하셨는데요, 12단계에 대해 자세한 설명 부탁드립니다.

A 12단계 프로그램은 알코올중독자의 회복을 위해 A.A.에서 제시한 변화를 위한 덕목입니다. 1935년 A.A.의 창시자인 Bill Wilson과 Bob Smith가 경험에서 비롯해 기독교적 정신을 바탕으로 쓰였습니다. 그래서 12단계를 읽어보면 종교적인 색채가 묻어 있지만, 그들 역시 종교적인 색채로 인한 거부감을 우려해 종교적인 교리와 다른 종교적인 소속감을 배제한다고 명시했습니다. 단지 인간에게는 선한 본성이 있고, 중독이라는 질병 때문에 이를 잊고 살았을 뿐이라는 점을 강조합니다. 12단계는 ‘본정신’이라는 선한 본성을 다시금 불러일으키기 위한 과정입니다. 중독이라는 질병으로 변해버린 병적인 자신의 현재 모습을 버리고, 스스로 문제를 되돌아보고 반

성하며, 올바른 방향을 찾도록 자신을 내어맡기는 과정을 강조합니다. 이를 통해 영적으로 성장하는 것이 '중독으로부터의 회복'이라는 것이죠.

Q 중독도 병인데요, 중독질환이라는 것은 어떠한 병인가요? 자세한 설명 부탁드립니다.

A 중독을 바라보는 시각은 참으로 다양합니다. 의학이 발전하면서 현재는 뇌의 병적인 변화에 따른 반복적인 약물의 섭취 혹은 행동의 반복이라는 측면에서 중독을 정의합니다. 생물학적인 연구와 동물실험 모델, 뇌영상 검사 등의 연구 결과에 따른 것이며, 이러한 시각에서 '중독'을 설명하는 것은 명확한 근거를 가지고 있습니다. 그러나 문제는 중독이 '사람'에게서 나타나는 질병이라는 것입니다. 반복된 알코올 섭취로 인해 망가진 인격·자존감·열등감·자괴감 그리고 이를 위선적으로 덮으려고 시도하는 거짓말과 과장·허세 등이 사람의 모습을 변화시킵니다. 그래서 12단계에서는 의학적 측면에서 중독이라는 질병을 인정함과 동시에 인간성의 회복이라는 측면에서 중독을 극복하는 방법을 제시합니다.

Q 알코올중독자들이 술을 끊기 위해 많은 방법을 실천하지만 쉽지 않은 것이 사실입니다. 어떻게 하면 중독을 극복할 수 있나요?

A 사실 답을 내리기가 참으로 곤란한 질문입니다. 술을 끊고 중독을 극복하는 방법을 명확하게 몇 마디 문장으로 똑 부러지게 제시할 수만 있다면 제가 이러한 책을 쓸 이유도 없을 것이고, 지금도 병상에서 고생하는 많은 환우분들이 존재할 이유도 없을 것입니다. 결론을 말씀드리면 중독으로부터 벗어날 수 있는 확실한 극복방법은 없습니다. 다만 A.A.에서 말하듯이 "오늘 하루에 충실하는 삶을 이어가는 것", 그것만이 회복을 위한 길이라고 생각합니다.

Q 중독은 실천과 포기를 반복해 불치병이라는 표현까지 있습니다. 이를 극복하고 회복에 이른 기억에 남는 사례가 있다면 소개해주세요.

A 중독이라는 질병이 불치병이라는 말은 맞는 말입니다. 낫는 것이 아니라 평생 관리해야 하는 질병인 것입니다. 술을 마시지 않고 살아야 하는데, "중독에서 나았다."라고 하면 술을 마셔도 되는 일반인이 되었다는 의미가 되지 않겠습니까? 술을 몇 년 마시지 않았어도 다시 술을 마시면 예전으로 돌아가는 것이 알코올중독이라는 질병입니다. 그러므로 평생 중독이라는 질병을 끌어안고 술을 마시지 않는 사람으로 살아가겠다

고 스스로 선언하고 실천해야 합니다. 좋은 예로 이 책의 추천사를 써주신 박석민 선생님 또한 그렇게 살아가고 계십니다.

Q 중독자는 본인이 중독자라는 것을 인정하지 않습니다. 이는 '고집'이라는 괴물 때문이라고 하셨는데요, 자세한 설명 부탁드립니다.

A 중독자들은 모두 술을 끊고 싶어합니다. 그냥 술 마시다 죽겠다고 하는 중독자가 있다면 이는 "술을 끊고는 싶지만 자신이 없다."라는 말입니다. 술을 끊고 싶다는 생각은 분명 우리 마음속에 있지만 실천하기는 힘듭니다. 술이 나를 변화시키고 조정하기 때문입니다. 이러한 특성을 독자들이 이해하기 쉽도록 '괴물'이라고 비유했습니다. 중독자들은 술 마시기 전 자신의 모습을 알고 있고, 지금의 모습 또한 알고 있지요. 이 둘을 비교해보면 '괴물'이라는 단어 외에 더 적절한 표현은 없을 것 같습니다. 이 괴물만 잠시 옆으로 치운다면 숨겨 있던 자신의 참 모습과 회복을 위한 열망을 찾을 수 있을 것입니다.

Q 알코올중독자는 유혹 때문에 자신감을 잃고 불안해져 결국 좌절하고 치료를 포기하기 쉬운데요, 이때 가족은 어떤 역할을 해야 하나요?

A 중독자에게 가족은 정말 중요합니다. 우리나라 사람들에게는 더욱 그렇습니다. 중독자에게는 술을 끊고 회복을 해야 하

는 '이유'가 필요합니다. '동기'나 '희망'이라고 표현할 수도 있습니다. 이러한 동기나 희망이 없으면 술을 끊을 이유를 찾지 못하고 계속 술을 마실 수밖에 없습니다. 우리나라 사람들에게 가장 큰 희망이나 동기는 결국 가족입니다. 사랑하는 부모·배우자·자식들과의 관계 회복은 중독자들에게 무엇보다 가치 있는 목표가 됩니다. 반면 가족에게도 중독자는 애증의 대상이지요. 정말로 소중한 가족이지만 가장 끔찍한 사람이기도 합니다. 그래서 안타까워하다가도 다 포기하고 싶어집니다. "포기하지 마십시오. 그리고 숨기지도 마십시오. 포기하지 않으면 아직 희망이 있습니다."

Q 바닥·밑바닥을 체험해야 한다고 하셨는데요, 그 의미가 무엇인지 설명 부탁드립니다.

A 중독자들은 항상 자신들이 해오던 방식대로 해결하고자 합니다. 그리고 결국 자포자기와 음주로 이어집니다. 12단계를 처음 접하는 사람들은 1단계에서 막힙니다. "삶을 수습할 수 없게 되었다."라고 선언하고 있거든요. 술과 연관된 자신의 삶 전체를 더이상 스스로 수습할 수 없음을 인정하는 것, 그것이 '바닥치기'입니다. 이것을 인정하는 것은 기존의 병적인 대처 방식, 즉 중독자인 상태에서 자신이 해오던 방식대로 일을 해

결하려던 노력을 포기하는 것을 의미합니다. 자기 나름대로의 방식이 아니라 사회에서 일반적인 사람들이 해결하는 방식, 우리에게 요구되는 방식, 그리고 12단계의 '신께서 인간을 이끄시는 방식'으로 대처하는 것이 필요합니다. 그러한 변화를 위한 시작이 밑바닥을 체험하는 '바닥치기'입니다.

Q 12단계의 2단계에서 신앙에 대한 부분이 나옵니다. 신앙을 언급하는 것은 상당히 거부감을 유발할 수 있을 것 같은데요, 자세한 설명 부탁드립니다.

A 그럴 수 있습니다. 12단계는 기독교적 신앙에 뿌리를 두고 있습니다. 12단계가 미국에서 시작되었으니 어쩔 수 없는 것이겠지요. 그런데 신기한 것은 12단계를 불교적으로 해석한 책이나 논문들이 우리나라에서 많이 나와 있고, 그 결론은 기독교적 해석이든 불교적 해석이든 동일하다는 것입니다. 선입견만 버린다면 신앙이 전혀 없는 사람이 12단계를 읽어도 우리에게 들려주는 데 문제가 있거나 오류가 있는 이야기가 아닙니다. 결국 "인간이 인간답게 살자."라는 내용이기 때문입니다. 인간답게 살자는 데 종교의 차이가 무슨 의미가 있겠습니까? 12단계는 모든 종교 혹은 인간사회에 공통된 덕목을 제시하고 있습니다.

Q 일반인들은 알코올중독자들을 대하는 것을 상당히 꺼려합니다. 의사로서 알코올중독자들을 치료하면서 위협을 받거나 두려웠던 적은 없었는지요?

A 성격이 거친 사람들도 있고 대하기 어려운 사람들도 있지요. 그래서 정신과 의사들 중에서도 알코올중독자 치료를 꺼리는 사람들도 있습니다. 하지만 소리 지르고, 위협을 가하고, 때로는 기물을 파손하는 그들의 마음속에는 그만한 아픔과 고통이 있고, 도움을 청하는 외침이 있습니다. 그리고 알코올중독자만큼 회심回心 이후에 완벽하게 회복하고, 질병에 걸리기 이전의 모습보다 더 성장하는 사람도 없습니다. 이러한 성숙된 회복자들을 접하고 나면 저도 삶의 희망과 에너지를 받습니다. 중독자를 치료하는 과정은 저에게도 제 삶을 더 의미 있게 하는 삶의 여정입니다. 항상 변화해가는 그들의 노력에 저는 항상 감사합니다.

* 이 인터뷰 대본 내용을 다운로드받고 싶으시다면 소울메이트 홈페이지에 회원으로 가입하시면 됩니다. 홈페이지 상단의 '자료실-저자 동영상 대본'을 클릭하셔서 다운받으시면 됩니다.

★ 독자의 꿈을 사랑합니다.

수백만 사람들의 마음의 상처를 치유한 REBT의 모든 것

위대한 심리학자 앨버트 엘리스의 인생 수업

앨버트 엘리스 지음 | 정유선 옮김 | 값 19,800원

세계 3대 심리학자인 앨버트 엘리스는 이 책에서 모든 정서적·행동적 문제의 근원이 '강박적인 당위적 사고'라고 말한다. 그러면서 자신과 타인, 삶의 환경에 스스로 부과한 '당위적 사고'를 찾아내 살펴보라고 조언한다. 이 책을 통해 자신과 비슷한 문제에 있는 상황과 자신의 심리적 문제 상황을 비교해보고 나의 부정적인 생각, 감정, 행동을 개선하는 데 도움을 받을 수 있을 것이다.

사는 게 불안하고 외롭다면 애착 때문이다

나는 내 안의 애착을 돌아보기로 했다

오카다 다카시 지음 | 이정은 옮김 | 값 17,000원

특별한 이유 없이도 삶이 고단한 현대인들을 괴롭히는 근본적인 요인은 무엇인가? 바로 '애착장애'다. 애착이 불안정하다는 것은 단순히 심리적으로 인생을 비관하는 것만을 의미하지 않는다. 스트레스나 불안에서 벗어나기 위한 체계가 제대로 기능하지 않는다는 뜻이다. 이 책을 통해 자신의 애착 상태를 점검해보고, 애착이 불안정하다면 주저하지 말고 대책을 세우고, 극복하기 위한 시도를 해보자.

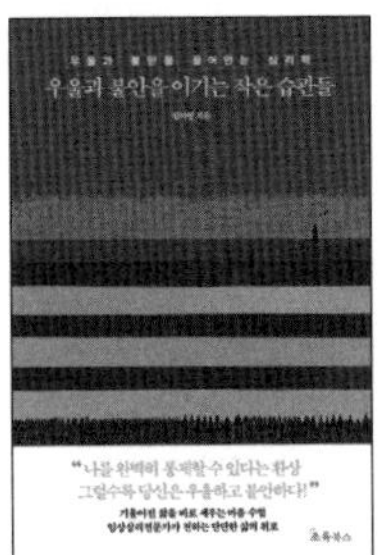

우울과 불안을 끌어안는 심리학

우울과 불안을 이기는 작은 습관들

임아영 지음 | 값 18,000원

임상심리전문가로 활동해온 저자는 우울과 불안이 위험에 대비하고 삶에 대한 성찰을 돕는 '적응적 기능'을 지녔다고 주장한다. 그는 이 책에서 '우울'과 '불안'이 발생하는 메커니즘을 설명하면서 그것을 대하는 인식의 변화를 촉구한다. 살아가는 동안 다양한 실패의 경험을 받아들이면서 균형을 찾는 게 가장 중요하다. 이 책을 통해 현실에서의 긍정성을 찾고 긍정과 부정 사이에서 삶의 균형을 맞추는 법을 배워보자.

내 안의 나와 행복하게 사는 법

내면아이의 상처 치유하기

마거릿 폴 지음 | 값 19,800원

이 책은 자신을 사랑하고 치유하며 성장하고자 하는 이들을 위한 책으로, 주변 사람들과의 관계와 인생을 풍요롭게 해줄 수 있는 소중한 지혜와 전략이 가득하다. 이 책에서 제시하는 내면적인 유대감 형성 5단계 과정을 따라 해보는 것만으로도 곧 치유의 과정이 되어 상처받은 내면아이를 보듬고 사랑이 넘치는 삶을 살 수 있을 것이다. 이 책을 통해 더 이상 혼자가 아니라는 기쁨을 느껴보자!

사람을 움직이는 소통의 힘

관계의 99%는 소통이다

이현주 지음 | 값 14,000원

직장 생활에서 바람직한 인간관계를 맺기 위해 필요한 소통 방법을 다룬 지침서다. 많은 기업에서 직장 내 관계에 대한 교육과 상담을 활발히 해온 저자는 이 책을 통해 올바른 소통 방법을 알려준다. 저자는 인간관계를 기반으로 한 소통을 다루면서 우리가 알고 있었던, 혹은 눈치채지 못했던 대화법의 문제점을 정확히 짚어낸다. 회사 내에서의 소통 문제로 스트레스를 받고 있는 직장인들에게 이 책이 단비가 되어줄 것이다.

성숙한 어른으로 살기 위해 다져야 할 마음의 기본기

감정에 휘둘리는 당신을 위한 심리수업

김세정 지음 | 값 15,000원

이 책의 저자는 상담심리전문가로 평소 많은 내담자들로부터 '나는 왜 이러는 걸까요?'라는 질문을 받았다고 한다. 이 책은 그 질문에 대한 답을 담고 있으며, 여러 감정 중에서도 슬픔, 불안, 외로움, 무기력, 죄책감, 수치심, 분노라는 7가지의 부정적 감정을 주로 다룬다. 과거 자신이 부정적인 감정을 느꼈던 상황 속에서 어떤 반응을 했고, 그 안의 내면 메시지는 무엇이었는지를 따라가보자. 숨어 있는 진짜 나를 발견하고 어루만져줄 수 있을 것이다.

심리학을 처음 공부하는 사람이 꼭 알아야 하는 것

내 생애 첫 심리학

박준성 지음 | 값 18,000원

이 책은 심리학의 정의, 분야, 역사와 같은 기초 정보부터 뇌, 발달, 학습, 기억, 성격, 스트레스 등 다양한 주제의 심리학 지식을 한데 모아놓은 심리학 입문서다. 심리학을 통해 교훈을 전달하려는 자기계발서들과는 달리 이 책은 객관적인 정보전달이 목적이므로 심리학을 처음 공부하는 사람들도 쉽게 이해할 수 있도록 친절하게 설명했다. 이 책을 통해 그동안 어렵게만 느껴졌던 심리학의 방대한 지식을 차곡차곡 쌓아보자.

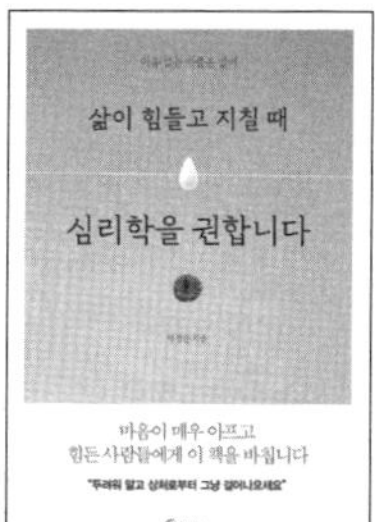

이유 없는 아픔은 없어

삶이 힘들고 지칠 때 심리학을 권합니다

박경은 지음 | 값 15,000원

질투, 서운함, 열등감, 분노 등 마음을 흩뜨리는 많은 부정적인 감정들로 스스로를 상처내고 있는 사람들이 꼭 읽어야 할 책이다. 오랜 기간 심리상담을 해온 저자는 은밀하면서도 치명적인 삶의 상처에 대한 다양한 사례들을 담고자 했다. 책 속 사례를 통해 내면을 성찰하고 자신의 문제를 객관화할 수 있어야 한다. 이 책을 통해 당신의 아픔을 있는 그대로 들여다볼 수 있을 것이다. 삶이 힘들고 지친 이들에게 이 책을 권한다.

★ 독자의 꿈을 사랑합니다.

예민하고 민감한 사람들이 행복하게 사는 법

예민해서 힘들다면 심리학을 권합니다

곽소현 지음 | 값 15,000원

이 책은 영화, 드라마, 그림책, 다양한 문학작품 속에 등장하는 인물들을 소개함으로써 우리의 모습을 보게 한다. 우리를 닮은 주인공들의 모습을 들여다보고, 음미하다 보면 우리 자신을 수용하고 이해하는 마음이 생길 것이다. 어쩌다 우중충한 모습도 나의 일부분임을 인정하자. 예민함이 싫어 가면을 쓰고 살았다면 이제는 당신을 제대로 만나 볼 시간이다. 이 책은 당신이 가장 당신답게 잘 살 수 있는 방법을 알려준다.

코로나시대, 마음이 위험하다

6주 만에 끝내는 공황장애 치유법

김영화 지음 | 값 15,000원

불안을 느끼며 살아가는 현대인은 남녀노소 불문하고 공황장애에 노출되기 쉽다. 이 책에서는 지나친 스트레스 반응으로 생긴 불안을 호흡으로 스스로 조절하는 방법에 대해 자세히 다루고 있다. 특히 횡격막호흡 훈련은 스트레스에 반응하는 교감신경의 긴장을 억제해 불안 수준을 낮추고 마음의 평안을 찾는 데도 도움이 된다. 미래가 불안한 코로나시대, 공황과 불안증세가 증폭될 수 있는 이때에 이 책이 치유책이 될 수 있을 것이다.

위기의 시대, 건강한 나로 생존하는 법

힘들다면 기대를 내려놓길 권합니다

선안남 지음 | 값 15,000원

나에 대한 기대와 희망이 내 삶을 활기차고 긍정적으로 바꾼다는 세상의 오랜 상식에 반기를 드는 책이다. 다양한 사람들을 만나 그들의 마음을 받아쓰며 살아온 선안남 상담사는 엇갈리는 기대, 버거운 기대가 오히려 삶을 힘들게 한다고 말한다. 즉 기대하는 대로 이루어지리라 맹신하면 오히려 삶이 피폐해지고 힘들어진다는 것이다. 이 책을 통해 힘들고 지칠 때마다 기대를 잘 살펴본다면 해결의 실마리를 얻을 수 있을 것이다.

MMPI 초보자가 꼭 알아야 할 것들

처음 시작하는 MMPI

황선미 지음 | 값 16,000원

이 책은 가장 자주 사용되는 중요한 심리검사인 MMPI를 최대한 이해하기 쉽게 설명한 최고의 가이드북이다. 숫자와 그래프가 아직은 쉽지 않은 초보 상담자들, 검사는 자주 하지만 정작 해석에 고충을 느끼는 상담자들에게 MMPI를 쉽게 설명하고자 하는 목적으로 집필된 책이다. MMPI 검사의 개념, 타당도 척도와 임상척도, MMPI 프로파일 해석법, MMPI 검사로 본 임상 사례, MMPI 검사 보고서 작성법 등 MMPI의 모든 것을 최대한 이해하기 쉽게 풀어놓아 MMPI에 관심있는 분들이라면 많은 도움이 될 것이다.

핵심 개념어 160개로 살펴보는 심리학의 모든 것

한번 읽으면 절대로 잊지 않는 심리학 공부

강현식 지음 | 값 18,000원

'누다심(누구나 다가갈 수 있는 심리학)'이라는 필명으로 심리학 블로그를 운영하고 있는 저자는 사람들에게 제대로 된 심리학을 쉽고 재미있게 알리겠다는 의지를 이 책 한 권에 담았다. 160개의 심리학 핵심 개념어를 간결하면서도 통찰력 있게 풀이했기 때문에 이 책을 통해 심리학에 대한 객관적이고 다양한 정보를 얻을 수 있을 것이다. 심리학에 관심이 많은 일반인들이나, 심리학을 전공하고자 하는 이들에게 일독을 권한다.

도박중독은 결코 불치병이 아니다!

왜 우리는 도박에 빠지는 걸까

김한우 지음 | 값 16,000원

이 책은 도박중독이라는 늪에 빠져 헤어나지 못하는 도박중독자와 그의 가족들에게 소중한 지침서가 될 것이다. 저자는 도박중독에 대한 사람들의 오해와 편견을 깨뜨리고 도박중독자를 치유의 길로 이르도록 해결 방안을 제시한다. 도박중독에서 벗어나고 싶지만 마음먹은 대로 되지 않거나 혹은 가족 중 누군가가 도박중독으로 힘들어하고 있다면 이 책을 통해 많은 도움을 얻을 수 있다.

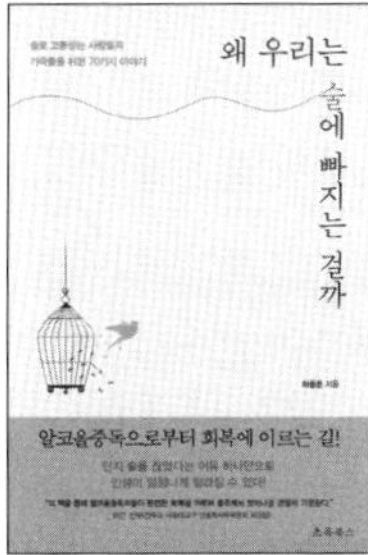

술로 고통받는 사람들과 가족들을 위한 70가지 이야기

왜 우리는 술에 빠지는 걸까

하종은 지음 | 값 16,000원

알코올중독에 대한 이해부터 치료 방법, 극복 방법, 극복 과정에 이르기까지 알코올중독에 관한 모든 것을 한눈에 볼 수 있도록 정리한 지침서다. 알코올중독이란 과연 무엇인지, 알코올중독에서 회복하려면 어떤 과정을 거쳐야 하는지, 알코올중독과 다른 정신과적 질병과의 관계는 어떠한지, 알코올중독도 유전이 되는지 등 전문가에게 의뢰하지 않고는 쉽사리 알기 어려웠던 알코올중독의 원인부터 대안까지 상세히 다룬다.

술꾼의 가족으로 산다는 것, 그 고통과 회복에 대해

우리 엄마 아빠가 알코올 중독자예요

제리 모 지음 | 김만희·정민철·구도연 옮김 | 값 15,000원

우리는 왜 중독 가정 아이들에게 관심을 기울여야 할까? 중독 가정에서 자란 아이는 유전적으로 미래에 중독자가 될 확률이 매우 높기 때문이다. 중독자의 부모나 배우자는 이미 자기 정체성이 확립된 성인이기 때문에 선택의 여지가 있지만, 아이들은 고통을 혼자 감내하면서 자라나는 경우가 많다. 이제는 중독 가정 아이들의 고통을 인식하고, 치유하는 것에 관심을 기울여야 할 때다.

★ 독자의 꿈을 사랑합니다.

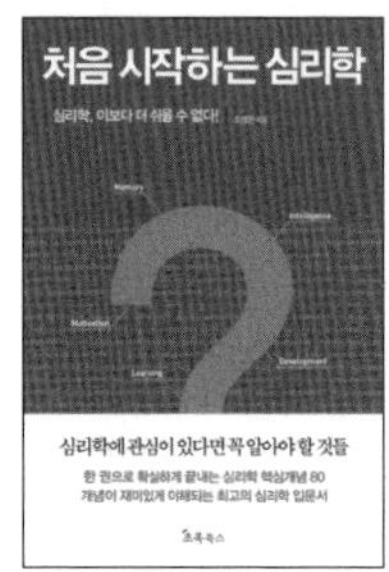

심리학, 이보다 더 쉬울 수 없다!

처음 시작하는 심리학

조영은 지음 | 값 16,000원

80개의 심리학 개념어를 모아 체계적이면서도 쉽고 재미있게 풀어낸 심리학 입문서다. 가장 기본적이고 핵심적인 것들만 엄선해 심리학을 공부하기 시작한 독자들이 이 책을 통해 탄탄한 기초를 잡을 수 있도록 도와준다. 또 각 이론의 정의와 특징을 단순히 나열하는 것이 아니라 일상생활에서 한 번쯤 경험했을 만한 심리학적 현상, 각각의 이론과 관련된 흥미로운 실험까지 다루어 설명함으로써 누구나 한 번에 이해할 수 있도록 했다.

여자의 복잡한 마음을 꿰뚫는 관계 심리학

심리학으로 이해하는 여자의 인간관계와 감정

이시하라 가즈코 지음 | 김하경 옮김 | 값 15,000원

이해하기 힘든 상대방의 감정 때문에 괴로워하기도 하고, 복잡한 대립관계 속에서 갈팡질팡 중심을 잡지 못하는 등 여자의 고민거리는 끝이 없다. 일본의 유명 심리 카운슬러인 이시하라 가즈코는 여성만의 독특한 인간관계 문제와 복잡 미묘한 감정의 특성을 심리학으로 해설한다. 여성의 심리를 대변하는 키워드를 살펴보면서 그동안의 인간관계를 진단하고, 관계개선의 열쇠가 될 조언들을 실행하면서 건강한 관계를 가꾸어보자.

상한 마음으로 힘겨운 당신에게 바칩니다

고통의 쓸모

홍선화 지음 | 값 15,000원

고통의 감정이 극단으로 치우친 적이 있는가? 그 고통으로부터 빠져나와 일상을 회복하기 위해서는 어떤 과정을 거쳐야 할까? 정신건강사회복지사인 저자는 어느 누구든지 슬픔을 알아봐주고 위로해주면 속도가 느리고 걸려 넘어지더라도 결국 변화가 이루어진다고 말한다. 일상적으로 스트레스를 받고 우울증을 겪는 사람들, 분노 감정으로 스스로를 고립시키는 사람들에게 이 책을 추천한다.

가족 때문에 힘든 당신을 위한 심리학

가족의 세계

조영은 지음 | 값 15,000원

가족에게 받은 상처를 떠나보내고 싶다면 상처를 마주하는 것이 시작이다. 저자는 상처를 바라보는 것이 불편할 수도 있지만, 이를 알아차리고 마주하는 과정은 자기 사랑을 위해 꼭 필요하다고 말한다. 그 과정이 아프더라도 그것은 진짜 나의 얼굴을 찾아가는 과정인 것이다. 이 책을 통해 가족이 준 상처의 의미를 비로소 발견하고 자기 스스로를 용서하고 사랑하는 과정에 이르게 될 것이다.

언니가 들려주는 달콤쌉쌀한 연애 이야기

심리학, 연애를 부탁해

이계정 지음 | 값 15,000원

나만 어려운 연애, 어떻게 해야 하나? 사랑과 이별에 관한 우리들의 이야기를 담은 책이다. 연애할 때 고민이 되는 다양한 주제들, 즉 연애와 사랑과 이별을 한 편의 소설처럼 엮었다. 사랑의 과정이 늘 행복할 수는 없음을, 행복을 가장한 익숙함에 머무르지 말 것을 당부하며, 결국 연인과 헤어진다 하더라도 좋은 기억이면 그것은 사랑이라고 한다. 이 세상 모든 사람들이 더 이상 사랑 앞에서 주저하지 않기를! 여전히 기대와 실망을 거듭하지만, 그럼에도 '결국 사랑!'이다.

내면의 힘을 탄탄하게 만드는 감정 공부

감정 때문에 마음이 시끄러운 나에게

김연희 지음 | 값 15,000원

감정이란 무엇이고, 어떻게 생겨나며, 감정을 효과적으로 잘 처리하는 방법은 무엇인지 뇌과학·진화심리학·정신건강의학·정신분석학적 지식을 바탕으로 소개하는 책이다. 감정에 대한 이해를 위해 일상에서 겪을 수 있는 친근한 상담 사례와 사회적 이슈 및 미디어 속 이야기를 예시로 들어 알기 쉽게 설명했다. 시끄러운 감정들 속에서 도망치며 열등감을 키울 것인가, 아니면 감정에 휘둘리지 않고 자존감을 회복해나갈 것인가? 내 안의 부정적인 감정을 다시 보는 기회를 이 책을 통해 가져보자.

먹는 것 때문에 힘든 사람들을 위한 8가지 제안

음식이 아니라 마음이 문제였습니다

캐롤린 코스틴·그웬 그랩 지음 | 값 16,000원

캐롤린 코스틴은 실제로 거식증을 앓아 '살기 위해' 심리학을 공부했으며, 이를 자신에게 직접 적용해 완치한 후 미국 최고의 섭식장애 전문가가 되었다. 이 책은 먹는 것으로부터의 회복과 자유를 갈구하는 사람들에게 진정 필요한 것이 무언인지 명쾌하게 알려준다. 먹는 것 때문에 고통을 겪는 사람들은 물론이고, 주변의 가족과 친구들도 이 책을 읽으며 한결 마음의 안정을 얻을 수 있을 것이다.

관계, 사랑, 운명을 바꾸는 감사의 힘

그저 감사했을 뿐인데

김경미 지음 | 값 15,000원

저자는 긍정심리학을 오래 연구한 학자로서 일상을 통한 감사함의 실천이 행복에 이르는 길이라는 이야기를 이 책에 담았다. 감사의 눈으로 자신과 세상을 바라보면 '가짜 행복'이 아닌 '진짜 행복'을 찾을 수 있으며, 행복은 멀리 있는 것이 아니라 우리 주변에 있다는 평범하지만 위대한 삶의 진리도 깨닫게 된다. 이 책을 통해 너무나도 잘 알고 있었던 '감사'의 효과를 실생활에서 누려보자.

■ 독자 여러분의 소중한 원고를 기다립니다

초록북스는 독자 여러분의 소중한 원고를 기다리고 있습니다. 집필을 끝냈거나 집필중인 원고가 있으신 분은 khg0109@hanmail.net으로 원고의 간단한 기획의도와 개요, 연락처 등과 함께 보내주시면 최대한 빨리 검토한 후에 연락드리겠습니다. 머뭇거리지 마시고 언제라도 초록북스의 문을 두드리시면 반갑게 맞이하겠습니다.

■ 메이트북스 SNS는 보물창고입니다

메이트북스 홈페이지 www.matebooks.co.kr

책에 대한 칼럼 및 신간정보, 베스트셀러 및 스테디셀러 정보뿐만 아니라 저자의 인터뷰 및 책 소개 동영상을 보실 수 있습니다.

메이트북스 유튜브 bit.ly/2qXrcUb

활발하게 업로드되는 저자의 인터뷰, 책 소개 동영상을 통해 책에서는 접할 수 없었던 입체적인 정보들을 경험하실 수 있습니다.

초록북스 블로그 blog.naver.com/chorokbooks

화제의 책, 화제의 동영상 등 독자 여러분을 위해 다양한 콘텐츠를 매일 올리고 있습니다.

메이트북스 네이버 포스트 post.naver.com/1n1media

도서 내용을 재구성해 만든 블로그형, 카드뉴스형 포스트를 통해 유익하고 통찰력 있는 정보들을 경험하실 수 있습니다.

STEP 1. 네이버 검색창 옆의 카메라 모양 아이콘을 누르세요. STEP 2. 스마트렌즈를 통해 각 QR코드를 스캔하시면 됩니다. STEP 3. 팝업창을 누르시면 메이트북스의 SNS가 나옵니다.